LES MALHEURS DE L'AMOUR.

PREMIERE PARTIE.

—— *Insano nemo in amore sapit. Propert.*

A AMSTERDAM.

M. DCC. XLVII.

EPITRE
DE'DICATOIRE.

A

M......

M.

Je n'écris que pour vous. Je ne desire des succès que pour vous en faire hommage. Vous êtes l'Univers pour moi.

LES MALHEURS DE L'AMOUR.

―――――――――

PREMIERE PARTIE.

MON Grand-Pere avoit acquis de grands biens dans une Charge de Finance, & laiſſa mon Pere à portée de les accroître par la même voie. Des richeſſes acquiſes avec tant de facilité perſuadent volontiers à ceux qui les possédent, qu'elles leur sont duës : & ne leur laissent qu'une espéce de mépris, pour ceux que la fortune n'a pas aussi-bien traités.

Mon pere étoit né pour penser plus raisonablement : il ne lui manquoit, pour avoir de l'esprit & du mérite, que la nécessité d'en faire usage ; mais on ne sent guère cette nécessité, quand on jouit d'une grande fortune, qu'on n'a pas eu la peine d'acquerir. Les talens & les pensées saines sont presque toujours le fruit du besoin ou du malheur.

Ma mere étoit d'une condition pareille à celle de mon pere : ils joignirent par leur mariage des richesses à des richesses & je naquis dans le sein d'une abondance, que ma qualité de fille unique ne me donnoit à partager avec personne.

Mon éducation s'en ressentit. A peine avois-je les yeux ouverts, que je savois déja, que j'étois une grande héritiére. Non-seulement on satisfaisoit mes fantaisies: on les faisoit naître. On m'accoutumoit à être fiére & dédaigneuse. On vouloit que je dépensasse ; mais on se gardoit bien de m'apprendre à donner. Enfin on n'oublioit rien pour me rendre digne de l'état de grande Dame , que je devois avoir un jour

L'usage est établi de mettre à un certain âge les filles dans un Couvent pour leur faire remplir les premiers devoirs de la Religion : la vanité décida de celui où je devois être. Une Abbaye célébre fut choisie, parce qu'on y mettoit toutes les filles de condition, & qu'il étoit du bon air d'y être élévée. Le faste me suivit dans le Couvent : on n'eut garde de me laisser à la nourriture ordinaire, dont toutes les Pensionnaires, qui valoient mieux que moi s'accomodoient. Il me falloit des mets particuliers. Ma Fille est délicate, disoit ma Mere (car il est de l'essence d'une héritiere de l'être) elle ne seroit pas nourrie. Cette santé prétenduë délicate, étoit cependant très-robuste; mais ce qu'elle ne demandoit pas, la vanité de mes Parens le demandoit. Il me falloit à toute force, des distinctions: on voulut, que j'eusse par le même principe, outre une femme pour me servir, une gouvernante en titre. Quoique ce ne fût pas l'usage de la Maison, les Religieuses éblouïes de la grosse pension consentirent à tout.

Il n'est guére de lieux où les richesses en imposent plus que dans les Couvens : les Filles qui y sont renfermées, dans le besoin continuel où elles sont d'une infinité de petites choses, regardent avec respect celles dont elles espérent de les recevoir : aussi eus-je bientôt une Cour assiduë. Loin de s'occuper à me corriger, on me louoit à l'envi. J'étois la plus aimable enfant qu'on eût jamais vuë. On me donnoit par-tout la premiere place & on me remplissoit la tête de mille impertinences. Mon pere & ma mere, charmés de ce qu'on leur disoit de moi, redoubloient leurs présens; & j'en étois encore mieux gâtée. J'étois parvenuë à ma quatorziéme année, que je n'avois encore reçu ni chagrin ni instruction : une petite avanture qui m'arriva me donna l'un & l'autre.

Ma Gouvernante me faisoit manger quelquefois au Refectoire, pour étaler aux yeux de mes Compagnes ma magnificence. Je faisois part à mes complaisantes de ce qu'on me servoit ; les autres n'en tâtoient pas : c'étoit une leçon que ma Gouvernante m'avoit donnée, que je suivois cependant avec peine : il y avoit dans le fond de mon cœur quelque chose qui répugnoit à tout ce qu'on me faisoit faire.

Mademoiselle de Renonville, d'une des premieres Maisons de Picardie ; auſſi ſottement fiére de ſa Nobleſſe, qu'on vouloit que je le fuſſe de mes richeſſes ; ne s'étoit jamais abaiſſée à venir chez moi : elle fit plus ce jour-là ; elle s'empara de la place que j'avois coutume d'occuper ; j'allois en prendre une autre, quand ma Gouvernante, offenſée de ce manque de reſpect, s'aviſa de vouloir me faire rendre la mienne.

Cette diſpute fut longue

de l'Amour.

& vive. La Renonville exagera les avantages de sa naissance, & n'épargna point les traits les plus piquans sur la mienne. Pendant ce temps-là j'avois les yeux baissés ; je ne sçavois que faire de toute ma personne : je sentois confusément, du dépit, de la colere & de la honte. Ce que j'entendois m'étoit tout nouveau, & me faisoit naître des idées, qui étonnoient mon petit orgueil.

Une Religieuse plus raisonnable que les autres, & véritablement raisonnable, vint me tirer de cette embarrassante situation, & m'emmena dans sa chambre.

Dès que nous y fûmes, je me mis à pleurer de tout mon cœur. Sçavez-vous ce qu'il faut faire, me dit la Religieuse ? Il faut, au lieu de pleurer, être bien-aise de n'avoir point de tort. Hélas! non, je n'en ai aucun répondis-je, en continuant de pleurer, si ma Gouvernante ne m'en avoit empêchée, je me serois mise ailleurs, & je n'aurois pas le chagrin que j'ai. Ce qui me fâche c'est que les Pensionnaires, qui me font le plus de caresses, étoient bien-aises de me voir mortifiée. Que veut dire Mademoiselle de Renonville, que je lui dois du respect? Pourquoi lui en devrois-je? Vous ne lui en devez point aussi, répondit la Religieuse, mais elle est fille de qualité, & vous ne l'êtes pas.

Ces distinctions étoient toutes nouvelles pour moi, mais par une espéce d'instinct je craignois d'en demander l'explication. Eugenie (c'étoit le nom de la Religieuse) n'attendit pas mes questions : vous avez le cœur bon , me dit-elle, & je vous crois l'esprit assez avancé, pour être capable de ce que j'ai à vous dire. On ne vous a mis jusques-ici que des idées fausses dans la tête , & il faut vous en défaire.

de l'Amour.

Votre pere a acquis son bien par des voies, & dans des emplois peu honorables : c'est une tâche qui ne s'efface jamais entiérement. Mais pourquoi, demandai-je, cette Noblesse est-elle tant estimée ? C'est me répondit-elle, que son origine est presque toujours estimable : d'ailleurs il a fallu quelques distinctions parmi les hommes ; celle-là étoit la plus facile.

Ma mere, qui vint me voir, interrompit cette converfation. Ma Gouvernante s'empreſſa de lui exagerer l'affront que je venois de recevoir. Ma ſortie fut réſolue ſur le champ, je n'en fus pas fâchée. J'éprouvois avec mes Compagnes, à-peu-près la même honte, que ſi elles m'avoient vue toute nuë. Je regretois pourtant Eugenie : elle m'avoit dit, à la vérité, des choſes fâcheuſes, mais elle ne m'avoit pas mépriſée ; une lueur de raiſon, qui commençoit à m'éclairer, me me faisoit sentir que j'avois besoin de ses instructions.

J'allai la trouver dans sa cellule : je l'embrassai de tout mon cœur, & à plusieurs reprises. Ce que vous faites, me dit-elle, ma chere enfant, prouve votre heureux naturel : il seroit bien triste, que vous ne fussiez pas raisonnable ; vous êtes faite pour l'être ; mais les exemples, que vous allez avoir devant les yeux, vont vous séduire ; vous êtes encore bien jeune, pour y réſiſter. Je vous aime, je veux que vous m'aimiez auſſi. Venez me voir ſouvent, je vous donnerai mes avis ; & ſi vous avez confiance en moi, je vous ferai éviter des ridicules, & peut - être des malheurs réels.

Je l'embraſſai une ſeconde fois : nous pleurâmes toutes deux en nous quittant ; & cette converſation fut le commencement d'une liaiſon à laquelle je dois le peu que je vaux. Eugénie m'a éclairée sur la plûpart des choses : elle me les a fait voir telles qu'elles sont : & si elle ne m'a pas empêché de faire de grandes fautes, elle me les a du moins fait sentir.

Dès que je fus retournée dans la maison paternelle, on songea à me donner des Maîtres, que je n'avois pu avoir dans le Couvent; les plus chers furent préférés. On se persuade, quand on est riche, que les talens s'achettent, comme une étoffe. Heureusement la nature avoit mis ordre, que la dépense ne fut pas perdue avec moi. J'étois née avec les plus heureuses dispositions. Je fus bientôt la meilleure Ecoliere de mes Maîtres. J'avois, outre cela, une figure charmante : il y a si long-tems que j'étois belle, qu'il n'y a plus de vanité à dire, que je l'étois en perfection.

Etre belle, être excessivement riche, c'étoit plus qu'il n'en falloit pour attirer les prétendans ; auffi vinrent-ils en foule : heureufement mon pere s'étoit mis dans la tête de ne me marier qu'à dix-huit ans.

Ma mere feule eût été bien capable d'attirer du monde chez elle : fi elle n'étoit pas auffi régulierement belle que moi, elle ne laiffoit pas de l'être beaucoup : & fi elle n'eût voulu être que ce qu'elle étoit, elle eut été, tout-à fait aimable : mais elle vouloit être une femme de condition; elle en prenoit autant qu'elle pouvoit, les airs & les manieres : ce n'est pas tout, elle vouloit avoir plus d'esprit que la nature ne lui en avoit donné. Il y a de certaines expressions, que les gens du grand monde mettent de tems en tems à la mode, qui signifient tout ce qu'on veut, qui ont été plaisantes la premiere fois qu'on en a fait usage, mais qui deviennent précieuses ou ridicules, quand on s'avife de les trop répéter.

Ma mere tomboit à tout moment dans cet inconvenient : les façons communes de parler n'étoient point de fon goût : les élégantes ne lui étoient pas familieres ; elle s'y méprenoit presque toujours ; je ne fçai fi c'étoit pour fe donner le tems de les trouver, ou fi elle y entendoit finesse, mais elle traînoit toutes fes paroles.

Que la façon libre dont

je parle de ma mere, ne prévienne point contre moi : je n'ai jamais manqué à ce que je lui devois : je l'ai aimée tendrement, & j'étois quelquefois au deseſpoir du soin, qu'elle prenoit de gâter tout ce qu'elle avoit de bon & d'aimable : je m'imaginois, que mon exemple la corrigéroit : j'avois pour cela une attention continuelle à éviter tout ce qui avoit la plus légere apparence d'affectation.

Du caractére dont je viens de la dépeindre, on juge bien qu'elle ne vouloit vivre qu'avec les personnes de qualité : les noms, les titres faisoient tout auprès d'elle : avec quel soin, avec quelle dépense alloit-elle se chercher parmi ces gens-là, des ridicules & des dégoûts! N'importe, tout étoit supporté pour avoir le plaisir de se montrer aux spectacles avec une Duchesse, & pour dire à quelques complaisans du second ordre, la Duchesse une telle, le Duc un tel viennent souper chez moi.

Ces jours si agréables n'étoient cependant pas sans embarras : il falloit écarter de la maison ces mêmes complaisans, à qui mon pere avoit donné le droit de venir familiérement, & dont ma mere auroit eu honte. Quelques petits parens étoient dans le même cas, & augmentoient les embarras, car on ne vouloit point absolument les montrer, & ils n'étoient nullement disposés à se cacher.

Je me rappelle encore avec une sorte de honte ce qui se passoit, les jours où les grandes compagnies devoient venir. Tout étoit dès le matin en l'air dans la maison. Les instructions que ma mere distribuoit, commençoient par mon pere : on ne pouvoit le renvoyer comme les autres ; il falloit du moins tâcher de lui donner les maniéres convenables. C'étoit comme je l'ai dit, un bon homme qui auroit eu naturellement le sens droit, si sa femme lui en avoit laissé le pouvoir : mais à force de lui vanter l'excellence de vivre dans ce qu'elle appelloit la bonne compagnie, il s'en étoit coëfé presque autant qu'elle. On lui avoit surtout recommandé des airs aisés; il est difficile de ne pas confondre une liberté honête, avec la familiarité;

l'usage du monde apprend seul ces différences délicates ; aussi mon pere & ma mere s'y méprenoient-ils toujours.

Jamais de titres, jamais de Monsieur, même en leur parlant : ils n'en venoient pas avec moins d'empressement dans la maison ; la liberté d'y amener qui on vouloit, & plus encore peut-être le plaisir de se mocquer de nous, ne laissoient pas sentir à ces grands Seigneurs, & à ces grandes Dames, qu'il y avoit autant d'indécence à eux d'y venir, qu'à nous de fotife de les recevoir.

Ma mere ne pouvoit se dispenser d'être coquête : l'état de jolie femme & de femme du grand monde l'exige : la difficulté étoit d'avoir des amans de bon air. Un homme qui eût été de la Cour, lui eût fait tourner la tête ; mais ces Messieurs ont auſſi leurs maximes. Ce seroit du dernier ridicule d'accorder des soins suivis à une Bourgeoise, & de s'y attacher sérieusement.

Ma présence ne nuisoit à rien. L'usage qui ne permettoit pas à une mere d'avoir des prétentions, quand sa fille paroissoit dans le monde, étoit changé dès ce tems-là ; chacune avoit ses adorateurs : il arrivoit même assez souvent que l'on commençoit par la mere, surtout lorsqu'il étoit question de mariage.

Entre les familiers de la

maison, le Chevalier de Dammartin étoit le plus autorisé, c'est lui qui donnoit le ton. La malignité, plus encore la vanité, le rendoient caustique & médisant : il méprisoit tout le monde, pour s'estimer plus à son aise. A force de parler contre la noblesse des autres, on s'étoit persuadé l'excellence de la sienne : la même voie lui avoit acquis la réputation de vertu & de probité. Il s'étoit établi Juge. Il décidoit souverainement en tout genre, mais il ne parloit pas tous les jours. Il étoit établi qu'il avoit de l'humeur; on la respectoit : je crois en vérité qu'on lui en faisoit un mérite. Mon pere étoit le seul, pour qui il n'en eût point, il lui sourioit même quelquefois; il est vrai que cette faveur précédoit toujours quelques emprunts, qu'on ne rendoit jamais.

Les autres hommes qui nous faisoient l'honneur de

venir se mocquer de nous, étoient la plûpart des Petits Maîtres : beaucoup de sufisance ; un babil intarissable : une très - grande ignorance ; un souverain mépris pour les mœurs : nuls principes, vicieux par air, & débauchés par oisiveté : voilà ce qu'ils étoient tous.

Je passai près d'une année après ma sortie du Couvent sans être admise dans les grandes compagnies : on voulut auparavant me laisser acquérir la bonne grace du Maître à danser, m'instruire de ce qu'on appelle le sçavoir vivre, la politesse, & surtout me donner le bon ton.

Si je voulois me laisser aller aux réflexions, cette matiere m'en fourniroit beaucoup, mais elles seroient également inutiles à ceux qui sont capables d'en faire, & à ceux qui n'en font jamais.

Je regagnois mon appartement aussi-tôt qu'on

avoit dîné : j'y paſſois peut-être les plus doux momens que j'aie paſſé de ma vie. Dès que mes Maîtres m'avoient quittée, je liſois des Romans que je dévorois. Un fond de tendreſſe & de ſenſibilité que la nature a mis dans mon cœur, me donnoit alors des plaiſirs ſans mélange. Je m'intéreſſois à mes héros : leur malheur & leur bonheur étoient les miens. Si cette lecture me préparoit à aimer, il faut convenir auſſi qu'elle me donnoit du goût pour la vertu : je lui dois encore de m'avoir éclairée sur mes amans.

Le Marquis du Fresnoi qui s'attacha à moi dès que je parus dans le monde, fut le premier qui donna lieu à mes remarques : je lui plaisois plus qu'il ne vouloit qu'on le crût; aussi n'avoit-il garde d'employer les petits soins & les complaisances ; il cachoit au contraire, autant qu'il lui étoit possible, l'attention qu'il avoit à me suivre & à me regarder.

Je crois qu'il eût voulu me le cacher à moi-même; du moins s'il eût osé, il m'en eût demandé le secret. Rien n'étoit plus plaisant que les peines qu'il prenoit, pour donner à ses galanteries un air cavalier; c'étoit comme s'il m'eût dit, je vous conseille de m'aimer: mais le ton devenoit différent, quand le hazard lui fournissoit l'occasion de me parler en particulier. L'amour qui n'avoit rien alors à démêler avec la vanité, se montroit tendre & devenoit timide.

Toute jeune que j'étois, le contraste de cette conduite me paroissoit parfaitement ridicule & me donnoit pour Mr. du Fresnoi des sentimens très-différens de ceux qu'il vouloit m'inspirer. Il ne fut pas long-tems sans avoir des rivaux: ma beauté & la qualité de grande héritiere lui en donnoient de deux espéces:

ceux qui vouloient m'épouser & ceux qui croioient
leur honneur intéreſſé à at-
taquer toutes les jolies femmes : je ne ſçai auquel de
ces deux motifs je dûs l'a-
mour du Marquis de Cre-
van, il étoit aſſez aimable,
ſans être cependant exemt
des airs & des défauts des
gens de ſon âge.

J'allois tout conter à mon
Eugénie : elle rioit de mes
dégoûts & de mes ſurpriſes.
Gardez-vous comme vous
êtes, me diſoit-elle, le plus
long-

long-tems que vous pourrez. Votre pere vous aime; profitez de cette tendresse pour choisir un mari qui vous rende heureuse : votre raison & votre cœur ne parlent encore pour personne ; je voudrois bien que le cœur se tût toujours. Mais je crains qu'il ne se mêle un jour de vos affaires plus qu'il ne faudroit. Vous avez un fond de sensibilité qui m'allarme pour le repos de votre vie. Vous êtes perdue, mon enfant, si vous trouvez quelqu'un qui sçache aimer, & vous persuader qu'il vous aime.

Hélas ! je touche au moment, où cette prédiction devoit s'accomplir. Ma mere, avide de tous les lieux où l'on pouvoit se montrer, retint une loge pour la premiere réprésentation d'une Piéce. Nous devions y aller avec une Duchesse, qui nous avoit pris pour pis-aller, & qui trouva une compagnie plus convenable.

Nous voilà donc ma mere & moi, seules dans le premier balcon. Le Théâtre étoit plein de tout ce qu'il y avoit de Gens de Condition à la Cour, & à la Ville. Ma mere pour jouir de la gloire de connoître la plûpart d'entr'eux, ne cessoit de faire des révérences. Pour moi, uniquement occupée du plaisir d'entendre la Piéce & du soin de cacher les larmes qu'elle me faisoit répandre, je ne voyois personne; mais l'impatience d'entendre le bruit que faisoit le Marquis du Fresnoi attira mes regards sur lui: il disputoit sur le mérite de la Piéce avec un homme que je ne connoissois point, ou plûtôt il lui reprochoit de l'écouter; car ces Messieurs condamnent ou approuvent, sans sçavoir le plus souvent dequoi il est question. Comme il vit, que je le regardois, qu'il entendoit qu'on se recrioit autour de lui sur ma beauté, il crut qu'il pouvoit, sans se faire tort, venir un moment dans notre loge.

Je m'apperçus, que celui avec qui il avoit parlé, lui demanda avec empressement, lorsqu'il eut repris sa place, qui nous étions. C'est la fille & la femme d'un homme d'affaire, répondit-il : la fille est jolie, comme vous voyez ; de plus ils ont un bon Cuisinier ; voilà ce qui m'a fait faire connoissance avec eux. Vous n'êtes donc point amoureux, dit celui à qui il parloit? Mais comme cela, répondit Monsieur du Fresnoi, si vous n'avez rien de mieux à faire, je vous y menerai souper ce soir ; vous me ferez même plaisir : je vais engager encore deux ou trois hommes de mes amis ; car il n'est pas mal d'être les plus forts dans cette maison.

Quelque répugnance que le Comte de Barbasan (c'est le nom de celui à qui il parloit) eût d'être présenté par quelqu'un, dont il connoiſſoit tous les ridicules, le deſir de me voir l'emporta, & la partie fut acceptée. Ils vinrent tous deux, après la Piéce, à la porte de notre loge. La préſentation de Monſieur de Barbaſan fut faite légerement: ils nous mirent dans notre carroſſe, monterent dans le leur,& furent auſſi-tôt que nous au logis, où il y avoit déja du monde.

Quelle différence, de Barbaſan, à tout ce que j'avois vû jusques-là ! Je ne parle point des graces de sa figure ; je me flatte que si elles avoient été seules, elles n'auroient pas fait d'impression sur moi : mais, son esprit, son caractére, voilà ce qui me toucha : j'eus le tems de prendre bonne opinion de l'un & de l'autre, dès ce premier jour.

La conversation roula d'abord sur la Piéce : nos Petits-Maîtres la déclarerent détestable : je l'ai dit à Barbasan

Barbasan, dit le Marquis du Fresnoi. Ajoutez, repliqua Barbasan, que vous me l'avez dit dès le premier acte : pour moi je ne suis point si pressé de juger ; je vais à la Tragédie pour donner de l'occupation à mon cœur ; si je suis touché, je n'en demande pas davantage ; je ne chicane point l'Auteur sur la façon ; je lui sçai gré, au-contraire, des peines qu'il a prises, pour me donner un sentiment très-agréable.

De la Piéce, qui étoit l'hiſtoire du jour, on paſſa aux avantures de la Cour & de la Ville. Barbaſan ſoutint toûjours ſon caractére : il doutoit : il excuſoit. Enfin, il eût voulu qu'on n'eût point cherché à avoir de l'eſprit aux dépens d'autrui.

Le jeu finit les diſputes. Barbaſan ne joua point : je ne jouai point auſſi. Nous reſtâmes ſeuls déſœuvrés : je m'apperçus qu'il avoit les yeux attachés ſur moi ; j'en fus embarraſſée. Pour aſſurer ma contenance, je m'approchai de la table où l'on jouoit; il n'ofa d'abord m'y fuivre; heureufement un incident, qui attira des conteftations, lui en donna le prétexte : je crois, qu'il me regarda toujours ; pour moi je n'ofai lever les yeux quoique j'en euffe grande envie.

Je n'eus pas befoin de lire avant que de me mettre au lit, comme j'en avois la coutume : un trouble agréable que je n'avois jamais éprouvé remplissoit mon cœur. La figure de Barbasan se présentoit à moi. Je repassois tout ce que je lui avois entendu dire, je m'applaudissois de penser comme lui : je n'osois m'arrêter sur l'attention qu'il avoit euë à me regarder, je n'y pensois qu'à la dérobée. Ma nuit se passa presque entiére de cette sorte. Je fus fâchée ensuite de n'avoir pas dormi. Je craignis d'en être moins jolie.

Ma toilette qui ne m'avoit point occupée jusques-là, devint pour moi une affaire sérieuse. Je voulois absolument être bien, je ne me contentois point sur le choix de mes ajustemens. Où devez-vous donc aller, me dit ma femme de chambre, étonnée de ce qu'elle voyoit? Sa question m'étonna moi-même & m'embarrassa ; le sentiment qui me faisoit agir m'étoit inconnu.

Quelques-uns de ceux

qui avoient soupé le soir avec nous, vinrent y dîner le lendemain : on parla du soupé. Comment avez-vous trouvé Barbasan, dit un de nos Petits-Maîtres, en s'adressant à ma mere ? Il ne manque pas absolument d'esprit ; & pour un homme qui n'a pas été dans un certain monde, il n'y est point trop déplacé. Quel est-il, dit ma mere ? On prétend, répondit celui qui avoit parlé, qu'il est d'une ancienne Maison de Gascogne ; mais je n'en crois rien. Pourquoi n'en parleroit-il point ? Pourquoi ne s'en feroit-il pas valoir ? Ce secours ne seroit-il pas nécessaire à quelqu'un qui n'a aucune fortune ? Il a mieux que la fortune, dit le Commandeur de Piennes, qui n'avoit pas encore parlé ; il a des sentimens d'honneur. A l'égard de sa naissance, je puis vous répondre, que tel qui vante la sienne, & qui en rompt la tête à tout propos, lui est très-inférieur, par cet endroit ; mais quoiqu'il connoiſſe le prix que ces ſortes de choſes ont dans le monde, il n'a pas le courage de leur donner une valeur, qu'elles n'ont pas à ſes yeux.

Je ne puis dire le plaiſir que me fit cet honnête homme, moins à ce que je croyois, du bien qu'il avoit dit de Barbaſan, que de ce qu'il avoit humilié l'orgueil du Petit-Maître.

Nous ſortîmes de bonne-heure pour faire des visites : jamais elles ne m'avoient paru si ennuyeuses. Ce fut bien pis encore ; ma mere, qui n'avoit point de souper arrangé chez elle, s'arrêta dans une maison. Je fus louée, admirée même ; mais ce n'étoit pas pour tous ces gens-là, que j'avois pris tant de peine d'être jolie.

Revenuë au logis, je lus avec soin la liste des visites ; le nom que je cherchois ne s'y trouva point ; j'en fus piquée & n'eus garde de m'avouer la cause de mon dépit ; je le mis sur le compte de l'impolitesse que je trouvois à ne pas venir remercier ma mere : il me parut, que c'étoit la traiter trop cavalierement.

Nous sortîmes encore plusieurs jours de suite, & Barbasan se trouva enfin au nombre de ceux qui étoient venus à notre porte : il étoit visible, qu'il n'avoit voulu que se faire écrire. Je crus qu'il ne nous trouvoit pas assez bonne compagnie pour lui : cette pensée me revint plusieurs fois pendant la nuit : il ne me parut plus si aimable ; mais je pensois trop souvent qu'il ne l'étoit pas. Ce dépit me rendit presque coquette. Je voulois plaire. Mon amour propre ébranlé par l'indifférence de Barbasan avoit besoin d'être rassûré.

Les spectacles, les promenades me servoient à merveille : j'y faisois toujours quelque recruë d'Amans. Une espérance secrette d'y trouver mon Fugitif, de me montrer à lui environnée d'une foule d'adorateurs, étoit pourtant ce qui me soutenoit : je le cherchois des yeux dans tous les endroits où j'étois ; dès que je m'étois convaincue qu'il n'y étoit point, mon desir de plaire s'éteignoit. Les Amans dont je n'avois plus d'usage à faire, me devenoient insupportables.

Le hazard me servit enfin mieux que mes recherches. Nous fortîmes un matin pour aller chez un Peintre, qui avoit des tableaux d'une beauté finguliére. Barbafan y étoit : quoiqu'il y eût affez de monde, je l'eus bien-tôt apperçu, & en vérité, je crois que je ne vis que lui. Le cœur me battit : j'avois peur qu'il ne fortît : ma mere qui ne voyoit là perfonne de fa connoiffance, ne fit pas façon de l'appeller : il vint à nous d'un air embarraffé :

elle lui fit des reproches de ce qu'il nous avoit négligées: il répondit, qu'il s'étoit préfenté plufieurs fois à notre porte. Quand on veut me trouver, dit ma mere, il faut venir dîner ou fouper avec moi ; aujourd'hui, par exemple. Je fuis défefpéré, répondit Barbafan ; j'ai un engagement indifpenfable. Demain, donc, dit ma mere ; je ne fuis pas plus libre demain, repliqua-t-il.

Piquée de tant de refus,

de l'Amour. 63

je ne pus me tenir de dire d'un ton, qui se ressentoit de ce qui se passoit en moi, ma mere, pourquoi le contraindre ? Monsieur a mieux à faire. Je vois encore la façon, dont il me regarda alors : ses yeux tendres & timides me disoient, vous êtes bien injuste !

Les tableaux parcourus, que nous ne regardions ni l'un ni l'autre, nous sortîmes. A peine fumes-nous de retour au logis, que Barbasan y arriva : il dit qu'il avoit trouvé le moyen de se dégager, que si nous voulions de lui, il passeroit la journée avec nous.

Le voilà établi dans la maison; & moi d'une gayeté qui ne m'étoit pas ordinaire. Tout prit une nouvelle face à mes yeux : ceux même qui ne me donnoient auparavant que de l'ennui, me faisoient naître des idées plaisantes : je crois que Barbasan étoit dans la même situation : nous étions pleins l'un & l'autre de de cette douce joie que l'on reffent quand on commence d'aimer, & que l'on paye enfuite fi chérement.

La journée fe paffa comme un moment : il en fut de même de plufieurs qui lui fuccedérent ; car Barbafan n'en paffoit plus fans nous voir. Comme je n'examinois point mes fentimens, je ne me donnois pas le tourment de les combattre. Il s'établiffoit cependant une intelligence entre Monfieur de Barbafan &

moi : nous nous faisions de petites confidences sur tous ceux de la societé : un coup d'œil nous avertissoit l'un & l'autre, que le ridicule ne nous échappoit pas. Notre intérêt conduisoit nos remarques, les femmes, si elles étoient jolies, attiroient mes railleries : & les hommes, surtout ceux qui vouloient être amoureux de moi, celles de Barbasan.

Je n'étois plus si pressée d'aller voir Eugénie : l'amitié devient bien foible, quand on commence à être occupé de sentimens plus vifs ; & si elle reprend ses droits, ce n'est que lorsque le besoin de la confiance la rend nécessaire : je n'en étois pas encore là : lorsque je la revis, & que je voulus, comme à mon ordinaire, lui conter ce que j'avois fait, ce que j'avois vû de nouveau ; je m'y trouvai embarrassée. Mon cœur battit bien fort, quand il fallut nommer le Comte de Barbasan. Il sembloit que Eugénie me devinoit : elle me fit plusieurs questions sur son compte : je ne pus résister au plaisir d'en dire du bien ; & dès que j'eus commencé à parler de lui, je ne sçus plus m'arrêter : je parlai de sa figure, de son esprit, de sa sagesse.

Il se déguise peut-être mieux, dit Eugénie. Oh! pour cela non, répondis-je, avec vivacité ; je l'ai bien examiné. Pourquoi cet examen, repliqua-t-elle?

Je meurs de peur qu'il ne vous plaise plus qu'il ne faudroit : prenez garde à vous, mon enfant ; quel malheur, si vous alliez vous mettre dans la tête un homme, que vous ne pouvez épouser, car je conclue, par ce que vous venez de me dire, que ce Barbasan n'est pas dans le rang, où l'on vous cherche un mari : gardez votre cœur pour celui à qui vous devez le donner.

La cloche qui l'appelloit

à l'Eglise ne lui permit pas de poursuivre, mais elle m'en avoit assez dit. Quelle triste lumiere elle porta dans mon ame ! je revins au logis pensive, rêveuse ; je n'avois pas le courage de m'examiner ; je craignois de me connoître, je me rassurai pourtant un peu sur ce que Barbasan ne m'avoit rien dit qui ressemblât à l'amour. Il ne me paroissoit pas possible, que je pusse aimer quelqu'un qui ne m'auroit pas aimée.

Nous allâmes à un concert où il y avoit toujours beaucoup de monde ; j'y portai les nouvelles pensées dont j'étois occupée. Barbasan se mit vis-à-vis de moi, s'apperçut que j'étois distraite ; il crut même que j'évitois de le regarder; inquiet, allarmé de ce changement, il m'en demanda la cause, dès qu'il put me parler. Je n'ai rien, lui dis-je, d'un air qui disoit que j'avois quelque chose. Je ne suis en droit, répondit-il, ni de vous queſtionner, ni de me plaindre; mais par pitié parlez-moi.

Ces mots furent accompagnés d'un regard qui me donna l'intelligence de ce qui ſe paſſoit dans nos cœurs: nous nous entendîmes dans le moment: nous gardâmes tous deux le ſilence, & pour la premiere fois nous nous trouvâmes embarraſſés d'être enſemble. Il fut rêveur le reſte de la ſoirée, & je continuai de l'être.

Je

de l'Amour.

Je repassai toute la nuit ce que Eugénie m'avoit dit: les regards, la rêverie de M. de Barbasan, ne me laissoient plus la liberté de douter de ses sentimens, je l'eusse voulu alors; ce doute eût été un soulagement pour moi ; je m'en serois autorisée pour ne pas examiner les miens.

Que faire ? Quel parti prendre ? Pouvois je interdire à Barbasan la maison de mon pere ; je n'en avois pas le droit. La morale des passions n'eſt pas auſtere : je conclus, que je ne devois rien changer à ma conduite, & attendre de m'inquiéter que j'en euſſe des raiſons plus légitimes. Que ſçavois-je ce qui pouvoit arriver & ce que la fortune me reſervoit ?

Malgré mes réſolutions mon procédé n'étoit plus le même pour Barbaſan, ni le ſien pour moi : nous avions perdu l'un & l'autre la gaieté qui régnoit auparavant entre nous. Nous

nous parlions moins : les choses que nous nous disions autrefois, n'étoient plus celles que nous eussions voulu nous dire : Barbasan n'y perdoit rien, je l'entendois sans qu'il me parlât.

Je passai quelque tems, de cette sorte, dans un état qui n'étoit, ni tout-à-fait bon, ni tout-à-fait mauvais; mon pere & ma mere eurent souvent alors des conférences, qui ne leur étoient pas ordinaires : il ne m'entra point dans l'esprit que j'y eusse part; je n'y en avois cependant que trop pour mon malheur.

Je ne l'ignorai pas longtems. Mon pere m'envoia chercher un matin ; je le trouvai seul avec ma mere qui m'annonça la premiere que j'allois être mariée avec Mr. le Marquis de N..... fils du Duc du même nom : elle eut tout le tems de me faire un étalage aussi long qu'elle voulut, des avantages de ce mariage ; que je ferois à la Cour; que j'aurois un tabouret, & comme c'étoit à fes yeux le plus haut point de la félicité, elle finit par me dire, vous êtes trop heureufe : j'ai apporté à votre pere autant de bien que nous vous en donnons : j'étois plus belle que vous : voyez la différence de nos établiffemens?

Mon pere, tout fubjugué qu'il étoit, fe fentit piqué de cette comparaifon. Mon Dieu ! ma femme, lui dit-il, je connois plus d'une Duchesse qui voudroit avoir autant d'argent à dépenser que vous.

Ce discours m'autorisa à marquer mes répugnances : on m'avoit promis, dis-je, qu'on ne songeroit à me marier qu'à dix-huit ans ; je ne les ai pas encore : je ne me soucie point d'être Duchesse.

Si vous ne vous en souciez pas, nous nous en soucions, nous dit ma mere d'un ton aigre. Mais, ma mere, répondis-je, mon pere dit lui-même que vous êtes plus heureuſe : votre pere penſe baſſement, répliqua-t-elle, allez vous coëfer; je dois ſortir, peut-être vous menerai-je avec moi.

Si j'avois été ſeule avec mon pere, je lui aurois montré ma douleur ; je ſentois qu'il m'aimoit pour moi ; j'appercevois au contraire dans ma mere une tendreſſe, qui ne tenoit qu'à elle ; elle avoit d'ailleurs un ton de hauteur & des

G iiij

manieres qui m'en impo-
foient.

Je remontai dans mon appartement dans un état bien différent de celui, où j'en étois fortie un peu auparavant : j'avois un poids fur le cœur trop pefant pour le foutenir feule : il me falloit quelqu'un à qui je puffe parler ; je n'avois que Eugénie ; je courus chez elle.

Deux heures de peine & de trouble avoient apporté fur mon vifage un fi grand changement que dès qu'elle me vit, elle me demanda avec inquiétude si j'étois malade. Je le voudrois, répondis-je, en pleurant ; je crois que je voudrois être morte. Qu'avez-vous donc, mon enfant, me dit-elle, dépêchez-vous de parler ; vous me donnez une véritable inquiétude. Hélas ! répliquai-je, je suis la plus malheureuse personne du monde : mon pere & ma mere viennent de m'annoncer que je suis promise à M. le Marquis de N.....

que ferai-je, ma chere Eugénie ; gardez-moi avec vous ; j'aime mieux paſſer ma vie dans le Couvent, que d'épouſer un homme que je hais, qui ne veut de moi que pour mon bien, qui croit me faire trop d'honneur, qui me mépriſera dès que je ferai ſa femme. Je ne fuis touchée, ni de la condition, ni du rang : à quoi me ſerviroit tout cela avec un mari, qui me donneroit mille dégoûts, mille mortifications : que je suis à plaindre ! conseillez-moi, je vous en prie.

Vous obéïrez, répondit Eugénie. Ah ! vous ne m'aimez plus, m'écriai-je ; vous voulez que je sois malheureuse ! Je veux, répliqua-t-elle, que vous soyez raisonnable : vous n'avez pas même de prétexte pour refuser le Marquis de N..... Pourquoi voulez-vous qu'il vous méprise ? Pourquoi toutes ces chimeres ? Etes-vous la premiere fille de votre espece, qui aura été transplantée à la Cour ? Ayez-y un maintien convenable ; votre naissance alors loin de vous nuire, vous servira : mettez par votre conduite le public dans vos intérêts ; & votre mari lui-même n'osera vous manquer. Mais, répliquai-je, je le hais, & je le haïrai toujours.

Eugénie fixa quelques momens ses yeux sur moi, & m'obligea à baisser les miens : vous craignez, me dit-elle, que je ne life dans votre cœur ; hélas! mon enfant, j'y lis depuis long-tems ; le Marquis de N..... ne vous paroît haïffable, que parce que Barbafan vous paroît aimable ; je ne vous en ai point parlé ; je fentois que vous vous feriez appuyée de ma pénétration, pour vous juftifier à vous-même vos fentimens. A quoi penfez-vous, continua-t-elle? Que voulez-vous faire de cette inclination? Voulez-vous vous rendre malheureuſe ? Car vous ne fçauriez vous flater de l'épouſer.

Le nom de Barbaſan, l'impoſſibilité d'être à lui, que je n'avois enviſagé, juſques-là que vaguement, me remplit d'un ſentiment ſi tendre & ſi douleureux, qu'en un inſtant mon viſage ſe couvrit de larmes. Vous me faites pitié, me dit Eugénie ; parlez-moi, ne craignez point de me montrer votre foibleſſe ; ſi je vous condamne, je vous plains auſſi ; vous avez beſoin de conſeil ; vous avez beſoin de courage. Barbaſan ſçait-il l'inclination que vous avez pour lui ? Hélas ! m'écriai-je, comment la ſçauroit-il, je ne la ſçai pas moi-même ? Vous a-t-il parlé, continua-t-elle ? quelle eſt ſa conduite ? quelle eſt la vôtre ?

J'étois dans cet état où la confiance eſt un véritable beſoin : l'amitié que Eugenie me marquoit m'y engageoit encore, & puis le plaisir de parler de ce qu'on aime. Je contai donc avec le plus grand détail, non-seulement tout ce que Barbasan m'avoit dit, mais ce que je lui avois entendu dire ; si vous sçaviez (ajoutai-je) combien il est raisonnable, combien il est différent des autres !

Je le crois, dit Eugenie, mais mon enfant, ce n'est point un mari pour vous. Eh bien, repliquai-je avec vivacité, je me mettrai dans un Couvent. C'est ce que vous

vous pouvez encore moins que tout le reste, répondit-elle ; voulez-vous faire l'Héroïne de Roman, & vous enfermer dans un Cloître, parce qu'on ne vous donne pas l'Amant que vous voulez ? Croyez-moi, votre douleur ne sera pas éternelle ; il vous sera aisé d'oublier Barbasan; il ne faut pour cela que le bien vouloir; mais dans un Couvent il ne suffit pas de vouloir être contente pour l'être. Gardez-vous de laisser appercevoir au Marquis de N… un dégoût, qu'il ne vous pardonneroit jamais : il faut être bienséante, mais il ne faut pas être dédaigneuse.

Les discours d'Eugenie m'affligeoient, & ne me persuadoient point ; je le lui reprochai en pleurant. Loin de s'offenser de mes plaintes, elle y répondit avec tant d'amitié : elle me parla d'une maniere si touchante & si raisonnable, qu'elle me réduisit à lui promettre ce qu'elle voulut. Je devois fuir Barbafan , lui ôter toutes les occafions de me parler , & fi malgré mes foins il y parvenoit, je devois le prier de ne plus venir chez mon pere.

Cet article fut long-tems contefté ; je difois que je n'en avois pas le droit. Ne vous faites pas cette illufion , me répondit-elle ; fi Barbafan eft tel que vous me le repréfentez, il vous obéïra , s'il eft différent, il ne vaut pas le chagrin qu'il vous donne : elle me fit promettre que je la viendrois voir, & que je ne lui cacherois rien.

Je la quittai avec une douleur de plus : elle avoit porté dans mon cœur une triste lumiere. Ma tendresse pour Barbasan ne me préfageoit que des peines ; je trouvois cependant une douceur infinie à m'y abandonner ; j'imaginois même du plaisir à souffrir pour ce que j'aimois.

J'étois à peine rentrée

dans la maison, que Madame la Duchesse de N.....
vint pour présenter son fils dans les formes. J'avois tant pleuré, que mes yeux étoient encore rouges. La Duchesse en prit occasion de me dire mille fadeurs sur le bon naturel qui me faisoit craindre de quitter mes parens. Sçavez-vous bien, dit-elle à ma mere, qu'il y a plus de mérite que vous ne pensez d'aimer tant une mere aussi jeune & aussi jolie que vous ; &

m'adreſſant la parole, ne donnez pas toute cette tendreſſe à cette maman, je veux en avoir ma part. En vérité, pourſuivit-elle, je ſens que je l'aime de tout mon cœur : elle parloit enſuite des ajuſtemens qui me conviendroient, & toujours par-ci par-là quelques mots de la Cour.

J'écoutois tous ces diſcours avec le plus grand dégoût; peut-être que malgré mes diſpoſitions l'amour propre qui ne perd jamais

ses droits, se faisoit sentir;
& que l'air distrait & presque ennuyé du fils y avoit autant de part que les propos de sa mere ; je l'avois observé regardant tantôt sa montre, tantôt la pendulule : l'heure du spectacle approchoit ; quelle apparence, que ma vuë tînt bon contre la nécessité d'y aller étaler un habit de goût, qu'il avoit mis ce jour-là.

La Duchesse pour prévenir quelque impatience trop marquée de son fils, finit sa visite : je vais travailler, dit-elle en nous quittant à la Duché ; je meurs d'impatience que nous finissions ; il me semble que je ne tiendrai jamais assez-tôt à tous vous autres : & tout de suite ; mais après tout pourquoi attendre ? Ne sommes-nous pas bien assurés, que notre enfant sera Duchesse ?

La vanité de ma mere me servit cette fois : comme le bienheureux Tabouret étoit l'objet de mon mariage

mariage ; elle répondit à Madame de N..... qu'il convenoit de s'en tenir aux arrangemens dont on étoit d'accord, & d'attendre que l'on eût fait passer sa Duché sur la tête de son fils.

Je respirai du petit délai que ce discours me promettoit. La fin de cette journée & les suivantes se passerent comme à l'ordinaire. Monsieur le Marquis de N.... venoit se montrer dans les heures, où il n'avoit rien de mieux à faire.

Quoique nous ne reçuſ-
ſions point les complimens,
on parla de notre mariage :
je compris à la triſteſſe de
Barbaſan qu'il en étoit inſ-
truit : la mienne que je ne
pouvois diſſimuler, dut lui
apprendre auſſi ce que je
penſois : je le fuyois cependant, mais il faut dire la vérité, moins pour le fuir, que
pour n'avoir pas à lui dire
qu'il devoit me fuir lui-même.

J'avois plus de liberté de
faire ce que je voulois, de-

puis qu'on regardoit mon établissement comme très-prochain ; j'en profitois pour rester dans ma chambre. Un jour mon Maître de Clavecin venoit de me quitter ; j'étois dans cet état de rêverie & d'attendrissement, où la musique nous jette toujours, quand nous avons quelque chose dans le cœur : j'avois les yeux attachés sur un papier, que je ne voyois point, quand un bruit que j'entendis m'obligea de les lever, & me fit voir Barbafan à quelques pas de moi, appuyé fur le dos d'une chaife, dans une contenance fi trifte, le vifage fi changé, qu'il m'auroit fait pitié, quand je n'aurois eu que de l'indifférence pour lui.

Nous demeurâmes quelques momens fans parler: je fis un mouvement pour entrer dans une chambre à côté, où travailloit la femme qui me fervoit. De grace, un moment, me dit-il d'un air interdit ; s'il n'y alloit que de ma vie, je ne m'expoferois pas à vous déplaire : mais il s'agit du bonheur ou du malheur de la vôtre : le Marquis de N.... que vous devez époufer, eft fans caractére, fans mœurs, & affecte même les vices qu'il n'a pas : loin de connoître & de fentir fa félicité, il eft affez vain, affez préfomptueux, pour vous croire trop honorée de porter fon nom; la fortune que vous lui apporterez, ne fervira qu'à accroître ses ridicules, il oubliera qu'il vous la doit, que vous en devez jouir ; il en fera à vos yeux l'usage le plus méprisable.

Suis-je la maitresse, lui dis-je en essuyant quelques larmes, qui s'échappoient de mes yeux. Je ne prévois que trop les malheurs qui m'attendent : & vous vous y soumettez, s'écria Barbasan ! vous ne ferez point d'effort auprès d'un pere qui vous aime ! soyez heureuse par pitié pour moi!

soyez heureuse pour m'empêcher de mourir désespéré. Hélas ! lui dis-je, emportée par mon sentiment, je ne le serai jamais. Ah ! vous le seriez, s'écria Barbasan en se précipitant à mes genoux, si la fortune ne m'avoit pas traité si cruellement. Oui, un amour tel que le mien vous auroit trouvée sensible, je n'aurois connu d'autre gloire, d'autre félicité, que celle de vous adorer.

Je ne sçai ce que j'allois

répondre, quand j'apperçus le Marquis de N..... à deux pas de nous, qui regagnoit la porte : il avoit vu Barbasan à mes genoux : il pouvoit même avoir entendu ce qu'il m'avoit dit : j'en fus troublée au dernier point : que penseroit-il de moi ? Et ce qui me touchoit mille fois plus, qu'en penseroit-on dans le monde ? Je reprochai à Barbasan son indiscrétion, les chagrins qu'il m'alloit attirer ; & je finis par fondre en larmes.

Il étoit si affligé lui-même de la peine qu'il me causoit, qu'il n'eut besoin pour sa justification que de sa douleur : je lui avois dit d'abord avec vivacité de sortir de ma chambre : quoique je continuasse de le lui dire, ce n'étoit plus du même ton. Le cœur fournit toutes les erreurs dont nous avons besoin.

Cette avanture qui auroit dû lui nuire auprès de moi, produisit un effet tout contraire. Je trouvois que nous avions une affaire commune : je vins à raisonner avec lui des suites qu'elle pourroit avoir, de la conduite que je devois tenir. Je me flatois que mon mariage seroit rompu : je n'ose l'espérer, me disoit-il : le Marquis de N..... n'a ni assez d'amour, ni assez d'honneur pour avoir de la délicatesse.

Le peu d'amour du Rival amenoit naturellement des protestations de la vivacité du sien. Enfin, je ne fçai comment tout cela s'arrangea dans ma tête, mais il me sembla que je pouvois l'écouter, & avant que de nous quitter, je lui promis de lui rendre compte du tour que prendroit cette affaire. Je voulois qu'il fût quelques jours sans paroître dans la maison, il ne voulut jamais y consentir. La prudence exigeoit au-contraire, disoit-il, qu'il ne parût aucun changement dans sa conduite : la mienne étoit bien déraisonnable, mais j'avois dix-sept ans, le cœur tendre, une inclination naturelle pour Barbasan, & une aversion invincible pour le Marquis de N....

Il vint souper comme à son ordinaire : si j'avois pu douter qu'il avoit vu Barbasan à mes genoux, son air & sa contenance m'en auroient fait douter : il me parla avec la même aisance : il attaqua Barbasan de conversation ; loin d'avoir de l'aigreur,il fut au-contraire toujours de son avis.

Nous nous disions des yeux la surprise que cette façon d'agir nous causoit : je m'imaginois que c'étoit par bon procedé, & par ménagement pour moi qu'il vouloit rompre sans éclat. Il me paroissoit alors digne de mon estime ; mais je changeai bien de sentiment, quand j'appris deux jours après qu'il pressoit la conclusion de notre mariage plus que jamais ; & qu'il mettoit tout en usage auprès de ma mere, pour qu'elle ne s'obstinât plus à attendre que la Duché fût sur sa tête.

Une conduite si indigne me redonna (avec l'éloignement que j'avois pour lui) le mépris le plus profond. Je me fis une nécessité de consulter Barbasan sur ce que j'avois à faire : il avoit si bien démêlé le caractere du Marquis de N..... qu'il ne pouvoit manquer de me donner des avis utiles.

Avec quelle rapidité les paſſions nous emportent, dès que nous leur avons cedé le moins du monde ! Je me trouvai en intelligence avec mon Amant : je lui entendois dire qu'il m'aimoit : je lui laiſſois voir une partie de mes ſentimens : je croyois qu'il m'étoit permis de lui parler en particulier ; que la bienſéance n'en feroit point bleſſée ; qu'il ſuffiſoit que j'euſſe une femme avec moi ; & cette femme, j'avois pris soin de la mettre dans mes intérêts. J'eus donc plusieurs conversations avec Barbasan : il trouvoit toujours quelques prétextes pour les rendre nécessaires : il faut avouer qu'elles me le paroissoient autant qu'à lui.

Nous résolumes que je parlerois à mon pere ; que je lui montrerois toute ma répugnance : il est né, disoit Barbasan, avec les meilleurs sentimens du monde : ses entours n'ont gâté en lui que

que l'extérieur : il lui reste un fonds de raison qui pourra prendre le dessus : il m'est souvent venu en pensée, continua-t-il, d'acquerir son amitié & celle de Madame votre mere, par les mêmes voies que d'autres les ont acquises ; mais mon cœur y a toujours répugné. C'étoit d'ailleurs vous manquer d'une maniere indigne, que de travailler à augmenter des ridicules dont vous gémissez.

Les sentimens vertueux que Barbasan faisoit paroître n'étoient pas perdus pour lui : je m'en faisois une excuse de ma foiblesse.

Mon pere se levoit toujours assez matin : je pris ce tems pour lui parler : il fut étonné de me voir de si bonne-heure : je me mis d'abord à ses genoux : je lui pris la main : je la baisai plusieurs fois sans avoir prononcé une seule parole. Qu'avez-vous, me dit-il, mon enfant ? parlez-moi, vous savez que je vous aime. Ah ! mon pere, m'écriai-je, c'est ce qui soutient ma vie ; c'est ce qui me donne de l'espérance. Non ! vous ne me rendrez pas la plus malheureuse personne du monde ! vous ne me forcerez pas d'épouser le Marquis de N..... Mon pere, continuai-je, en lui baisant encore la main que je tenois toujours , & en la mouillant de quelques larmes , prenez pitié de votre fille.

Vous me faites de la peine, me dit-il d'un ton plein de bonté, remettez-vous, mon enfant; mais pourquoi avez-vous tant d'averſion pour le Marquis de N..... Eſt-ce qu'il ne vous aimeroit pas ? Il fait cent fois pis, repliquai-je, il me donne lieu de le mépriſer; je ſuis ſûre auſſi qu'il n'a point d'eſtime pour moi; & ce qui acheve de le dégrader dans mon eſprit, il n'a nul beſoin d'eſtimer une fille, dont il veut faire ſa femme.

Où prenez-vous tout cela, dit mon pere? Je n'en suis que trop sûre, répondis-je. Il alloit sans doute me presser de lui dire quelles étoient ces suretés, & je crois que je lui aurois avoué tout de suite mon inclination pour Barbasan, quand un homme de ses Amis vint lui parler d'une affaire pressée. Mon pere m'embrassa, & n'eut que le tems de me dire, votre mere m'embarasse; tâchez de la gagner.

Je l'aurois tenté inutilement ; mais la maniere dont mon pere avoit parlé, me donna du courage : je restai persuadée, que s'il n'avoit pas la force de s'opposer aux volontés de ma mere, du moins il me pardonneroit de lui désobéir. Je rendis conte de tout à Barbasan, car je ne faisois plus rien sans le lui dire : nos intérêts étoient devenus les mêmes. Je n'avois pourtant encore osé lui avouer que je me gardois pour lui : mais sur cela, comme sur beaucoup d'autres choses, nous nous entendions sans nous parler.

Cependant les préparatifs des Nôces se faisoient : le Marquis de N..... ne prenoit point le dégoût, que je tâchois de lui donner, & fermoit les yeux sur l'intelligence de Monsieur de Barbasan & de moi, que loin de lui cacher, je lui montrois au-de-là de ce qu'elle étoit. Je touchois au moment d'éclater, quand j'en fus délivrée par un événement bien triste & bien douloureux.

Mon pere, dont la santé avoit toujours été admirable, fut attaqué d'une fiévre qui résista à tous les remedes : les amis & les parens firent des merveilles les premiers jours, mais la longueur de la maladie les lassa. L'antichambre qui étoit pleine du matin au soir de ceux qui venoient sçavoir des nouvelles du malade, se vuida insensiblement,

ment. Ma mere tint bon assez long-temps, mais enfin elle se lassa comme les autres : elle recommença à recevoir du monde, à donner à souper, & pour y être autorisée, on ne manquoit pas de dire que le mal de mon pere n'étoit pas dangereux, qu'il ne lui falloit que du repos. Les Médecins, pour plaire à ma mere, tenoient le même langage; mais ils ne pouvoient me rassurer. Un pressentiment secret, la tristesse profonde, dont j'étois dévorée, m'avertissoient de mon malheur.

J'étois cependant obligée de me montrer au souper; ma mere le vouloit, & je ne voulois pas moi-même ajouter encore à l'indécence de sa conduite, par en avoir une toute opposée. Je prenois sur mon sommeil, pour remplacer les heures, que ces considérations m'obligeoient de passer hors de la chambre de mon pere : j'avois obtenu de coucher dans un cabinet qui y touchoit: dès qu'il n'y avoit auprès de lui, que ceux qui devoient y passer la nuit, je me relevois pour obéir à mon inquiétude, & pour lui rendre des soins, dont il me sembloit que personne ne pouvoit s'acquitter comme moi.

Un soir que je lisois auprès de lui, pour tâcher de lui procurer quelque repos, je m'apperçus qu'il souffroit plus qu'à l'ordinaire: son

L ij

état, dont les suites me faisoient frissonner, me saisit au point, que quelques efforts que je fisse, mes larmes coulerent, & je fus contrainte d'interrompre ma lecture.

Mon pere demeura quelque tems dans le silence, & me tendant ensuite la main, ne vous affligez point, mon enfant, me dit-il, il faut se soumettre: ma vie est entre les mains de Dieu; il m'a fait la grace de me donner le tems de me reconnoître. La longueur de ma maladie m'a familiarisé avec la mort. Je ne regrette que vous, ma chére Pauline; je vous laisse dans l'âge où les passions ont le plus d'empire: vous n'avez que vous pour vous conduire: votre mere est plus capable de vous égarer, que de vous guider: que ne pouvez-vous voir les choses de l'œil, dont je les vois présentement! mais les ai-je vûes moi-même dans la santé? il a fallu toucher au moment où tout disparoît, pour en sentir le néant. A quoi m'ont servi ces richesses, accumulées avec tant de soin ? l'usage que j'en ai fait a été perdu même pour le plaisir: Une vuë confuse de ce que j'étois, de ce qu'on pensoit de moi, a répandu sur ma vie une amertume qui m'a tout gâté ; mais ces avertissemens secrets avoient moins de pouvoir que ma femme. Pouvois-je lui résister ! elle m'aimoit alors,

je l'adorois. Hélas ! poursuivit-il avec un soupir, c'est
parce que je l'adorois qu'il
eût fallu lui résister ! Je l'ai
livrée au conseil pernicieux
que donnent les exem-
ples ; & je meurs de la malheureuse certitude où je
suis, qu'elle les a trop suivis.
Que m'importe après tout,
continua-t-il en essuyant
quelques larmes. C'est une
raison de plus pour mou-
rir sans foiblesse.

Ah ! mon-pere , m'é-
criai-je, en me jettant à

genoux auprès de son lit ; & en lui prenant ses mains, que je baignois de mes larmes ; par pitié pour moi, écartez des idées qui me tuent. Voulez-vous m'abandonner ? Que ferois-je ? que deviendrois-je sans vous ! La douleur me suffoquoit : je restai la tête penchée sur le bord du lit.

Mon pere m'embrassa : votre affliction, ma fille, me dit-il, me fait encore mieux sentir le procédé des autres. Elle m'a pointtant aimé, ajouta-t-il ; mais elle ne m'aime plus. Vous ne devez pas craindre qu'elle vous presse à d'avenir pour le Marquis de N.... Je prévois ses desseins : pour vous, ma chere Pauline, ne prenez, s'il vous est possible, un mari que du consentement de votre raison : défiez-vous de votre cœur ; ou si vous l'écoutez, promettez-moi du moins de mettre à l'épreuve celui qu'il nommera : je vais vous en donner le moyen. Voilà un petit porte-feuille qui contient presque tout mon bien ; celui qui paroîtra après ma mort, ne sera pas assez considérable, pour que l'on songe à vous épouser par des vûes d'intérêt. Si c'est un homme d'un rang élevé, vous recompenserez sa générosité & son amour, en lui découvrant vos richesses : il vous en aimera davantage, de lui avoir donné lieu, en les lui cachant, de s'être montré à

de l'Amour. 131

vous par un si beau côté. Si au contraire, celui que vous choisirez est d'une condition & d'un état médiocre, vous aurez le plaisir sensible, & qui peut-être est le plus grand de tous, de faire la fortune de ce que vous aimerez.

Mon pere, en me parlant, me présentoit toujours ce porte-feuille, ou plûtôt ce trésor ; car c'en étoit véritablement un : loin de le prendre, je me levai & m'écartai du lit.

Il me sembloit que l'accepter, c'étoit me donner une certitude du malheur qui me menaçoit, que c'étoit avancer ce fatal instant. Frappée de cette idée, je sortis de la chambre avec la même promptitude & le même saisissement, que si un précipice se fût ouvert devant moi : la douleur me suffoqua : j'allai me jeter sur un lit, où je donnai un libre cours à mes larmes : J'ai eu bien des malheurs ! je ne sçai cependant si j'ai

de l'Amour. 133
eu des momens plus douloureux que celui-là.

Mon pere qui ne me vit plus, éveilla une Garde qui étoit endormie, & m'envoya dire de revenir; je ne pouvois m'y résoudre; je demandai s'il se trouvoit plus mal; non, me dit la Garde, mais il souhaite que vous lisiez

Je n'étois nullement en état de lire; mes yeux étoient remplis de larmes, & les sanglots me suffoquoient. On dira à mon pere pour me donner le téms de mes remettre ; & que j'étois montée dans mon appartement : il ordonna qu'on vînt m'y chercher : je remis mon visage, & j'assurai ma contenance le mieux qu'il me fut possible. Ce porte-feuille, que mon pere tenoit toujours, m'obligeoit à me tenir écartée dudit.

Approchez-vous, approchez-vous, me dit mon pere ; ne vous obstinez plus, si vous ne voulez me fâcher & me rendre plus made L'Amour. 135

lade. Prenez ce que je vous donne. Non, mon pere, lui dis-je, je ne m'y résoudrai jamais: vous me percez le cœur de la plus vive douleur; vous voulez donc mourir! Mon Dieu! que je suis misérable! Eh bien, repondit mon pere, prenez ceci comme un dépôt que je vous confie : mon intérêt & mon honneur exigent qu'il soit entre vos mains: vous me le remettrez, si Dieu me rend la santé; & s'il difpose de moi, vous exécuterez ce qui eſt contenu dans un Mémoire écrit de ma main. Prenez les meſures les plus ſages, pour que ceux à qui vous ferez remettre les ſommes que je marque, ne puiſſent ſçavoir de qui elles viennent : ils verroient trop que ce ſont des reſtitutions ; je mériterois d'en avoir la honte ; mais elle ne ſeroit plus pour moi; vous l'auriez toute ſeule , vous qui ne la méritez pas. Allez tout-à-l'heure, ma chere Pauline, pourſui-

poursuivit-il, en mettant le porte-feuille dans mon sein, & en me forçant absolument de le prendre, enfermez ceci; n'en parlez à personne, & laissez-moi reposer, j'en ai besoin.

Il fallut obéir. Les dernieres paroles de mon pere avoient même diminué ma répugnance. Je voyois que les ordres qu'il me donnoit, ne pouvoient être confiés qu'à moi ; mais ma douleur n'en étoit pas soulagée ; je souffrois au contraire une espéce de peine. Plus j'aimois mon pere, plus il me marquoit de confiance & de bonté; plus il faisoit pour moi; & plus je m'affligeois qu'il eût des reproches à se faire.

Comme c'étoit à-peu-près le tems où je prenois quelques heures pour me reposer dans mon lit; je me couchai, non pour chercher du repos, j'en étois bien éloignée, mais pour pleurer en liberté.

Ma mere achevoit encore de m'accabler, je ne pouvois douter par ce que je venois d'entendre, qu'elle ne fût l'unique cause de l'état où étoit mon pere; cependant elle étoit ma mere, je devois l'aimer & la respecter. Comment accorder ce devoir, avec l'éloignement que je prenois (malgré moi) pour elle? Je resolus du moins de me rendre maitresse de mon extérieur, & de garder pour moi seule, les connoissances que j'avois acquises. Barbafan lui-même ne fut pas excepté du silence que je m'impofai ; il faut tout dire, un retour d'amour-propre ne me permettoit pas de lui montrer quelqu'un à qui je tenois d'auffi près, par un côté fi défavantageux.

Mon pere parut mieux pendant plufieurs jours, j'en avois une joie digne de ce qu'il avoit fait pour moi : ce pauvre homme en étoit touché, & pour ne pas la troubler, paroifsoit prendre des espérances, dont il étoit fort éloigné : j'étois souvent seule auprès de lui, il en profitoit pour me dire des choses tendres, & pour me donner des avis utiles : son sens droit, ses vertus naturelles, agissoient alors sans obstacle. Vous trouverez des ingrats, me disoit-il, que vous importe ? La reconnoissance est l'affaire des autres ; la vôtre est de faire le bien que vous pouvez ; il le faudroit même pour le plaisir : je n'ai de ma vie eu d'instant plus délicieux, que celui où je rendis un service considérable à un homme que j'aimois : il l'ignora long-tems ; il eût pu l'ignorer toujours, sans que j'y eusse rien perdu ; la satisfaction de m'en estimer davantage me sufisoit. Je rapporte ce discours, parce que on verra dans la suite, dans quel cas je m'en suis autorisée.

Barbasan n'avoit pas imité les commensaux de la

maison: il s'informoit avec intérêt de la santé de mon pere, & quand il lui étoit permis de le voir, il demeuroit dans sa chambre aussi long-tems qu'il le pouvoit: il y avoit d'autant plus de mérite, que ses soins étoient presque perdus pour lui: ma tendresse pour mon pere faisoit taire tout autre sentiment; Barbasan s'en plaignoit avec une douceur charmante, vous n'êtes occupée que de votre pere, me disoit-il, à peine vous appercevez-vous que je vous vois, que je vous parle ; je m'en afflige ; je ne sçai cependant si je vous voudrois autrement : tout ce qui augmente l'estime que j'ai pour vous, tout ce qui confirme l'idée de perfection, que je me suis formée de votre caractere, satisfait mon cœur.

Après quelques jours d'espérance, je retombai, non-seulement dans mes craintes, mais j'eus la cruelle certitude que mon pere ne ne pouvoit en revenir : il languit encore quelque tems, & mourut avec la résignation d'un homme pénétré des vérités de la Religion, & avec la constance d'un Philosophe. On nous conduisit ma mere & moi, chez une de ses parentes : j'étois pénétrée de la plus vive douleur ; ma mere au contraire avoit peine à garder les dehors que la bienséance exige ; & je m'affligeois encore de ce que j'étois seule affligée.

Lorsque ma mere retourna dans la maison, je ne voulus point y retourner : je demandai la permission d'aller avec Eugénie ; on me l'accorda sans peine. J'étois devenue un témoin, pour le moins incommode.

Me voilà donc, encore une fois, dans le Couvent, mais comme je n'étois plus un enfant, & que je n'y étois que parce que je voulois y être, j'eus un appartement particulier : Eugénie avoit seule inspection sur ma conduite : je me soumis sans peine à une autorité que je lui avois donnée moi-même, & qui étoit exercée par l'amitié.

Les motifs qui m'avoient rendue discrette avec le Comte de Barbasan, ne subsistoient pas avec Eugénie : aussi ne lui cachai-je rien de ce que mon pere m'avoit donné lieu de soupçonner : il y a long-tems, me dit-elle, que je vous en aurois parlé, si je n'avois cru qu'il convenoit de vous laisser ignorer les choses dont il ne vous est pas permis de paroître instruite.

Je ne fus pas plus mistérieuse sur le porte-feuille : nous l'ouvrîmes ensemble, non, par impatience de jouir de ce qu'il contenoit ; je me dois le témoignage que je n'avois sur cela, ni désirs, ni empressemens : je regardois au contraire ce bien comme un dépôt, que je ne devois remettre qu'aux conditions que mon pere m'avoit marquées ; mais j'étois preſſée d'exécuter les ordres qu'il m'avoit donnés. Le ſecours, & ſurtout les conſeils d'Eugénie m'étoient néceſſaires: les ſommes furent remiſes à ceux à qui elles appartenoient.

Tout le monde fut étonné du peu de bien qui parut dans la ſucceſſion : il ne fut plus queſtion du Marquis de N..... il ne garda pas même avec moi les dehors de la politeſſe : une ſimple écriture à la porte de mon Couvent, pour lui & pour sa mere, mit fin à ses prétentions.

Le Marquis de Crevant se montra plus long-tems; mais ses soins faisoient si peu d'impression sur moi, que je n'ai pas daigné en faire mention : j'étois cependant bien-aise qu'il m'aimât assez, pour en faire un sacrifice à Barbasan : je ne l'avois point encore vû depuis que j'étois dans le Couvent; je demandai à Eugénie, s'il ne m'étoit pas permis de le recevoir :

vous seriez bien fâchée, me dit-elle, si je vous di- sois, non; mais après tout, je suis bien-aise d'examiner son esprit, son caractére: si je ne le trouve pas tel que vous me l'avez dé- peint; je ne ferai grace ni à l'un, ni à l'autre, & je n'oublierai rien pour vous séparer.

Je n'étois point allarmée de cet examen : Barbasan pouvoit-il manquer de plai- re ? Le cœur me battit ce- pendant, quand on vint m'annoncer qu'il étoit au parloir. Nos opinions, nos sentimens même, cherchent encore à s'appuyer de l'approbation des autres.

J'apportois à la contenance & aux discours de Barbasan, une attention que je n'avois point eue jusques-là : j'allois au devant de ses paroles : je crois que je l'aurois dispensé de m'aimer dans ce moment, & qu'il m'eût suffi, qu'il se fût montré digne d'être mon amant : il m'adressoit inutilement la parole ; attentive à l'examiner, je ne lui répondois point : ce silence si obligeant, s'il en avoit sçu le motif, le toucha sensiblement; il n'eut plus la force de soutenir la conversation ; j'y pris part à la fin pour le faire parler : mes yeux lui dirent ce qu'ils lui disoient toujours : il n'en fallut pas davantage pour lui rendre la liberté de son esprit : il s'éforça de plaire à Eugénie, & il y réussit.

Malgré le plaisir que j'a-vois de le voir, j'avois une vraie impatience que la vi-site finît, pour l'entendre louer tout à mon aise. Ai-je tort, dis-je à Eugénie, dès que nous fumes seules? Vous ne m'en feriez pas la question ; répliqua-t-elle, si vous n'étiez assurée de ma réponse : il est vrai qu'il est aimable , & ce que j'estime bien davanta-ge, il a l'air d'un honnête homme ; & peut-être n'est-il qu'un bon Comédien.

Ah ! m'écriai-je, cette pensée est bien injuste ! & vous êtes cruelle de me la présenter. Je fais, dit Eugenie, le personnage de votre raison. Quel malheur pour vous, si cet esprit, si ces graces, enfin si ces dehors séduisans cachoient des vices ! Il ne faudroit pas même de vices, de défauts dans l'humeur, de la légéreté, de l'inconstance suffiroient pour vous rendre malheureuse. Non ! ma chere Eugenie, il n'a rien de tout cela, lui dis-je en l'embrassant. Promettez-moi que vous ne ferez point contre lui. Promettez-moi aussi, répondit-elle, de ne prendre aucun parti sans mon aveu, & de m'en croire sur l'examen que je ferai de votre Amant. Je lui promis tout ce qu'elle voulut, & je le promis de bonne-foi. Croit-on courir quelque risque de laisser examiner ce qu'on aime.

Voilà donc Barbasan établi dans mon parloir ; il

y passoit les journées presque entieres ; l'amour répandoit sur nos moindres occupations ce charme secret qu'il répand sur tout : & quand je ne le voyois plus, je subsistois de cette joie douce, dont il avoit rempli mon cœur.

Ma mere venoit me voir fort rarement : malgré ce que nous étions l'une à l'autre, nous ne nous tenions presque plus. Je ne pouvois être alors un objet d'ambition : mon bien paroissait trop médiocre pour faire un mariage brillant. Je n'étois donc qu'une grande fille, propre seulement à déparer une mere & à la vieillir : mes dispositions n'étoient pas plus favorables. Ce que mon pere m'avoit dit ne me sortoit point de la tête.

La conduite de ma mere ne le justifioit que trop : ses liaisons avec le Marquis de N..... dont je ne pouvois plus être le prétexte, commencerent à faire du bruit dans le monde : elle avoit formé apparement le dessein de l'épouser, dès qu'elle avoit espéré de devenir libre. Quand le tems d'exécuter son projet fut venu, elle me tint de ces sortes de discours vagues, qui ne signifient rien, & qui mettent pourtant en droit de vous dire, je vous l'avois dit.

J'appris à quelques jours de-là, que le mariage étoit fait. Mon Tuteur eut ordre de m'en instruire : cet homme qui avoit eu son éducation chez mon pere, & qui y avoit fait une espéce de fortune, m'aimoit comme si j'eusse été sa fille, & s'affligeoit d'un événement, qui, selon lui, me faisoit grand tort : mon insensibilité le consola, & surtout la ferme résolution où je lui parus de rester dans mon Couvent. Hélas! elle ne me coûtoit guère. Quel lieu plus agréable, que celui où je voyois ce que j'aimois!

Le

Le mariage de ma mere, qui ne me touchoit pas pour moi, me toucha cependant par un autre endroit: il me rappelloit la mort de mon pere: ce pere qui m'aimoit si tendrement, l'avois-je assez pleuré ? Je me reprochois, & je reprochois à Barbasan d'avoir trop-tôt séché mes larmes: vous m'avez arraché, lui disois-je, une douleur légitime. Que sçai-je, si vous ne m'en donnerez point quelque jour, que je devrai me reprocher ? Mon Dieu ! de quelle façon il me répondoit ! quelles expressions ! quelle vivacité ! quelle douleur que je puſſe me former des doutes ! il falloit pour arrêter ces plaintes lui demander pardon. Je le demandois avec un plaiſir, que la douceur de me ſoumettre à ce que j'aimois, augmentoit encore.

J'avois dit à Eugénie que je me deſtinois à Barbaſan ; mais je n'avois encore oſé le dire à lui-même. Le mariage de ma mere amena la chose naturellement. Après en avoir raisonné avec lui, je conclus que j'en étois plus libre : il baissoit les yeux ; son air étoit tendre & embarassé ; il n'osoit parler. Je vous entends, lui dis-je, entendez-moi aussi ; aurois-je reçu vos soins ? Vous aurois-je laissé voir ce qui se passe dans mon cœur ?.... La joie de Barbasan ne me permit pas de poursuivre : il tomba à mes genoux : quels ravisse-mens ! quels transports ! de combien de façons il m'exprimoit sa reconnoissance !

Ce bonheur qui le ravissoit, étoit encore éloigné : il falloit attendre que j'eusse vingt-cinq ans, & je n'en avois que vingt. Qu'importe, dit Barbasan à Eugénie, qui voulut lui en faire faire la réflexion ; je la verrai, je l'aimerai, je lui serai soumis. En faut-il davantage ? Vous éprouverez mon cœur, me disoit-il, j'en aurai plus de droit sur le vôtre. Hélas! il n'en avoit pas besoin : une inclination naturelle, que loin de combattre, je cherchois même à fortifier, lui donnoit ce droit qu'il vouloit acquerir. Quel tems heureux que celui que je passois alors! J'étois contente de ce que j'aimois ; & ce qui me flatoit encore plus, il l'étoit de moi.

Notre bonheur se soutint pendant quelques mois, mais il étoit trop parfait pour pouvoir durer. La fortune commença à se déclarer contre moi par la grossesse de ma mere. J'allois tenir par-là à la famille de mon Beau-pere. Il ne convenoit pas de me laisser maitresse de ma destinée. Mon bien, tout médiocre qu'il étoit, excitoit ses desirs : il reviendroit aux enfans de ma mere, supposé que je pusse rester fille. Il falloit pour cela éloigner tous les mariages, & sur-tout celui de Barbasan.

Le Commandeur de Piennes, qui avoit pris beaucoup d'amitié pour moi, vint m'avertir qu'on me préparoit des traverses. Monsieur le Duc de N....., me dit-il, sçait vos liaisons avec Barbasan: il s'en autorisera pour exercer son pouvoir. Ne vous y trompez pas, ajouta-t-il, il peut très-bien obtenir un ordre, qui vous sépareroit de votre Amant, peut-être pour jamais.

Ce discours, qui me glaçoit de crainte, me fit voir

tout possible. Je résolus par le conseil du Commandeur, que je ne verrois Barbasan que rarement. La difficulté fut de l'y déterminer ; il se mocquoit de ma prudence, c'étoit se donner, disoit-il, le malheur qu'on me faisoit apprehender : il étoit d'ailleurs si indigné contre mon beau-pere, que j'eus besoin de toute mon autorité pour l'empêcher de faire quelque folie.

Il me dit à quelque tems de là que la nécessité de termi-

terminer une affaire qui lui importoit, l'obligeroit de faire un petit voyage du côté de Chartres. La veille du jour où il avoit fixé son départ, nous eûmes une peine extrême à nous quitter. Barbasan revint deux ou trois fois de la porte; il lui restoit toujours quelque chose à me dire.

Un Valet de chambre qui étoit auprès de lui depuis son enfance, m'apportoit tous les matins une lettre: je ne devois pas douter qu'il ne vînt le lendemain à l'heure ordinaire, puisque son maître devoit attendre son retour pour monter à cheval : je lui répétai cependant une infinité de fois, de ne pas manquer à me l'envoyer. Je me levai plus matin qu'à mon ordinaire. J'allai chercher Eugénie, uniquement pour lui parler du chagrin, où j'étois de ce que Barbasan seroit quelques jours absent.

L'heure où j'avois accoutumé d'attendre son homme n'étoit pas encore venue, que je m'impatientois de ce qu'il ne paroissoit point. Ce fut bien autre chose, quand cette heure & plusieurs autres furent passées. Mon laquais que j'envoyai aux nouvelles, après s'être fait attendre deux autres heures, qui me parurent deux années, vint me dire qu'il n'avoit trouvé personne.

Je passai de cette sorte dans une agitation, qui ne

me permettoit pas d'être un moment dans la même place, une grande partie de la journée. Quelqu'un vint lors avertir Eugénie qu'on la demandoit à mon Parloir ; cette nouveauté acheva de m'allarmer : j'y courus ; j'y trouvai le vieux valet de chambre. Où est votre Maître, lui dis-je d'une voix tremblante ? Ah ! s'écria-t-il, tout est perdu.....

Ces paroles qui me porterent dans l'esprit les idées les plus funestes, furent les seules que j'entendis. Je me laissai tomber sur ma chaise sans aucun sentiment. Eugenie vint à mon secours, & me fit porter dans ma chambre. Elle apprit de ce garçon que Barbasan n'avoit point paru le soir; qu'après l'avoir attendu toute la nuit, il avoit été le chercher dans les endroits où il pouvoit en apprendre des nouvelles; qu'à son retour dans la maison, il avoit trouvé un de ses amis, qui venoit l'avertir que son Maître s'étoit battu contre le Marquis du Fresnoi, qu'il l'avoit tué sur la place, & qu'on ne sçavoit où il s'étoit refugié. Les soins que Beauvais, c'est le nom du valet de chambre, s'étoit donnés pour en sçavoir davantage, avoient été inutiles.

Ces nouvelles toutes affligeantes qu'elles étoient, ne laisserent pas, quand je les appris, de me donner de la consolation. La mort de Barbasan qui m'étoit d'abord venue dans l'esprit, & qui avoit fait une telle impression sur moi que je fus plusieurs heures sans connoissance, me fit regarder un moindre mal comme un bien ; mais lorsque revenue de ma premiere impression, je refléchis sur cette avanture ; je fus dans un état peu différent de celui où j'avois été d'abord.

J'eus recours au Commandeur de Piennes pour avoir quelque éclaircissement. Il revint le même jour, & malgré les ménagemens qu'il tâcha d'employer, il me perça le cœur par son récit.

Barbasan s'étoit retiré dans une maison de sa connoissance, & contoit en sortir la nuit pour prendre la poste : mais il avoit été arrêté dans le moment qu'il se disposoit à partir. Le Commandeur de Piennes ajouta qu'il alloit mettre tout en usage pour faire disparoître les témoins.

Que l'on juge, s'il est possible, quelle nuit je passai! tout ce qu'il y a de plus noir, de plus tragique, se présentoit à mon imagination. Eugénie ne me quitta point, elle avoit trop d'esprit & de sentiment pour chercher à adoucir ma peine par de mauvaises raisons, elle s'affligeoit avec moi, & me donnoit par là la seule consolation dont j'étois susceptible.

Le Commandeur vint comme il me l'avoit promis; son visage triste, son air consterné porta la terreur dans mon ame. On avoit plus de preuves qu'il n'en falloit, les témoins venoient de toutes parts. Le nombre, ajouta le Commandeur, est trop grand pour qu'il puisse être vrai, leurs dépositions seront contestées, & nous gagnerons du tems.

Quoique j'eusse pleuré tout le tems que le Commandeur avoit été avec moi, sa présence, ses discours, m'avoient cependant un peu soutenue : dès que je ne le vis plus, loin de conserver quelque espérance, je ne comprenois pas même que j'eusse pu en concevoir.

Cette nuit fut mille fois plus affreuse que toutes les précédentes ; je tressaillois d'horreur de ce qui pouvoit arriver. Cette idée faisoit une telle impression sur moi, que je ne pouvois même en parler à Eugénie. Je crois que je serois morte de prononcer les mots terribles d'échaffaut & de boureau : ce que je fentois alors a laiffé de fi profondes traces dans mon efprit, qu'après quarante ans je ne puis le penfer & l'écrire fans émotion.

J'avois appris par le Commandeur de Piennes, que de mauvais difcours tenus fur mon compte par le Marquis du Frefnoi avoient engagé Barbafan à l'appeller en duel. Cette circonftance n'ajoutoit cependant rien à ma douleur. Eft-il befoin pour fentir les malheurs de ce qu'on aime de deles avoir caufés.

N'étois-je pas affez mal-heureufe! Non, il falloit que j'euffe encore à trembler pour un danger plus prochain.

J'appris que Barbafan étoit malade à l'extrémité, & qu'il refufoit tous les fecours. Que faire ? Aller lui dire moi-même qu'il me donnoit la mort. Le Commandeur & Eugénie s'oppoferent de toutes leurs forces à cette réfolution:

mais ils me virent dans un si grand désespoir, qu'ils se trouverent forcés d'y consentir, & même de m'aider.

Le Commandeur engagea une Dame de ses amies qui avoit soin des prisonniers, de me mener avec elle. Il m'annonça sous un faux nom, & me supposa proche parente de Barbasan. On devoit me venir prendre le lendemain matin. Jamais nuit ne me parut si longue; j'en contois les minutes, & comme si ma diligence eût avancé le jour, j'étois prête plusieurs heures avant que le Commandeur fût venu.

Nous allâmes ensemble; ma tristesse paroissoit si profonde, il y avoit en ma personne une langueur si tendre, que la Dame fut d'abord au fait des motifs de ma démarche. Elle n'en fut que plus disposée à me servir. Les femmes en général ont toujours de l'indulgence pour tout ce qui porte le caractere de tendresse, & les Devotes en font encore plus touchées que les autres. Celle-ci avoit de plus pour prendre part à mes peines, le souvenir d'un Amant que la mort lui avoit enlevé.

Je parvins bien cachée dans mes coëffes jusqu'à une chambre ou plûtôt un cachot, qui ne recevoit qu'une foible lumiere d'une petite fenêtre très-haute & grillée avec des barreaux de fer, qui achevoient d'intercepter le jour. Barbasan étoit

étoit couché dans un mauvais lit, & avoit la tête tournée du côté du mur. La Dame s'affit fur une chaife de paille, qui compofoit tous les meubles de cette affreufe demeure.

Après quelques momens & quelques mots de confolation au malade, elle fe leva pour aller vifiter d'autres prifonniers, & me laiffa feule auprès de lui. Il s'étoit mis fur fon féant pour remercier la perfonne qui lui parloit. J'étois debout devant son lit, tremblante, éperdue, abîmée dans mes larmes, & n'ayant pas la force de prononcer une parole. Barbasan fixa un moment les yeux sur moi & me reconnut. Ah! Mademoiselle, que faites-vous, s'écria-t-il?

Les larmes qu'il voulut envain retenir, ne lui permirent pas d'en dire davantage. Les moindres choses touchent de la part de ce qu'on aime, & l'on est encore plus sensible dans les

de l'Amour.

tems de malheur. Ce titre de *Mademoiselle*, qui étoit banni d'entre nous, me frappa d'un sentiment douloureux. Je ne suis donc plus votre Pauline, lui dis-je, en lui prenant la main, & en la lui serrant entre les miennes ? Vous voulez mourir, vous voulez m'abandonner.

Sans me répondre, il baisoit ma main, & la mouilloit de ses larmes. A quel bonheur, dit-il enfin, faut-il que je renonce ! Oubliez-moi, poursuivit-il, en poussant un profond soupir ; oui, je vous aime trop, pour vous demander un souvenir qui troubleroit votre repos. Ah ! m'écriai-je, à travers mille sanglots, par pitié pour moi, mon cher Barbasan, conservez votre vie ; c'est la mienne que je vous demande. Hélas ! ma chere Pauline, repliqua-t-il, songez-vous à la destinée qui m'attend ? Songez-vous que je vous perds, vous que j'adore ; vous qui seule m'attachez à la vie ?

Qu'importe après tout, continua-t-il, après s'être tu quelque moment, de quelle façon je la finisse; je vous aurai du moins obéï jusqu'au dernier moment.

La Dame avec qui j'étois venue, rentra : elle avoit fait apporter un bouillon ; je le préfentai à Barbafan ; il le prit en me ferrant la main : nous n'étions ni l'un ni l'autre en état de parler, nos larmes nous fuffoquoient. Hélas ! je penfai dans ce moment, que nous nous voyions peut-être pour la derniere fois.

Ma Dévote, à qui je faifois pitié, baiffa elle-même mes coëffes, me prit fous le bras, m'entraîna hors de cette chambre, & me fit monter dans fon caroffe. Nous fimes en filence le chemin, jufque chez elle, où le Commandeur de Piennes & ma Femme de chambre m'attendoient. La fiévre me prit dès la même nuit avec beaucoup de violence. Je fus à mon tour pendant plusieurs jours entre la vie & la mort : mon mal, tout grand qu'il étoit, ne prit rien sur le sentiment dominant. Uniquement occupée de Barbasan, j'en demandois des nouvelles à chaque instant.

Eugénie ne quittoit le chevet de mon lit que pour s'en informer : elle ne me disoit que ce qui lui paroissoit propre à calmer mes inquiétudes, & elle ne les calmoit point : je me faisois des sujets d'allarmes d'un geste, d'un mot, d'un air un peu plus triste que j'apperçevois sur son visage: enfin après quinze jours, j'eus la certitude de la guérison de Barbasan. La mienne en dépendoit. Mais dès que je n'eus plus à craindre les suites de sa maladie, je repris toutes mes allarmes sur sa malheureuse affaire. La prison où je l'avois vu, augmentoit encore ma sensibilité & mon attendrissement.

Le Commandeur de Piennes

Piennes y mit le comble par ce qu'il vint m'apprendre. La procedure étoit poussée avec une vivacité, qui déceloit un ennemi secret ; cet ennemi étoit mon indigne beau-pere. On comprend sans que je le dise, les raisons qu'il avoit de haïr Barbasan. Je m'étonne encore comment je ne mourus pas sur le champ, quand le Commandeur m'annonça cette affreuse nouvelle. Il n'y a d'autre ressource, me dit-il, que de gagner le Geolier & de faire sauver Barbasan.

L'argent en étoit le seul moyen. Celui que mon pere m'avoit laissé, pouvoit-il être mieux employé? Je remis au Commandeur une somme très-considérable, & quoiqu'il ne cessât de me répéter qu'il y en avoit beaucoup plus qu'il ne falloit, je voulois à toute force y ajouter encore. Je croyois m'assurer mieux par-là de la liberté de Barbasan, & au milieu de mes douleurs, je sentois une secrette satisfaction de ce que je faisois pour lui. J'attendois le succès de la négociation comme l'arrêt de ma vie ou de ma mort.

Un petit billet du Commandeur m'apprit que tout se disposoit selon mes souhaits, il vint me l'apprendre lui-même, le Geolier étoit gagné : mais il exigeoit que ses enfans aussibien que lui, suivissent le prisonnier, & qu'on leur assurât de quoi vivre dans les pays étrangers. Cet article étoit aisé, non-seulement j'aurois vuidé mon porte-feuille, mais j'aurois donné tout ce que j'avois au monde.

Barbasan ne sçavoit encore rien des mesures que l'on prenoit ; le fils du Geolier qui lui portoit à manger, se chargea de les lui apprendre. Ce n'étoit point assez d'assurer sa liberté, il falloit lui préparer des secours dans le lieu, où il se retireroit. Nous nous étions déterminés pour Francfort ; un moindre éloignement n'eût pas suffi pour calmer mon imagination. Le Commandeur de Piennes prit des lettres de change sur un fameux Banquier de cette Ville. Je les enfermai dans un paquet, qui devoit être rendu à Barbasan à son arrivée ; je voulois, s'il étoit possible, qu'il ignorât qu'elles vinssent de moi, & attendre pour le lui apprendre, un tems plus heureux.

Tous les arrangemens

étoient faits, & le jour marqué pour la fuite, qui devoit s'exécuter sur le minuit. J'attendis toute la nuit, avec une impatience & un saisissement que je laisse à imaginer, le signal dont le Commandeur & moi étions convenus : le jour vint sans que j'eusse rien appris. Le Commandeur chez qui j'avois envoyé plusieurs fois, vint enfin me dire que le fils du Geolier étoit absent pour deux fois vingt-quatre heures, que son pere voufoit absolument l'attendre.

Voilà donc encore ma vie attachée au retour de ce fils. Il n'y avoit pas un moment à perdre. Le Jugement devoit être prononcé dans trois jours. Quoique le Commandeur ne me dît que ce qu'il ne pouvoit s'empêcher de me dire, je ne voyois que trop de quoi il étoit question : j'étois moi-même sur l'échaffaut, & je ne crois pas possible que ceux qui y sont effectivement, soient dans un état plus déplorable que celui où je passai la nuit.

La joie succéda à tant de douleur, quand j'appris à sept heures du matin par un billet, que tout avoit réussi, & que Barbasan étoit en sûreté : je baisois ce cher billet : j'embrassois Eugénie : je me jettois à genoux pour remercier Dieu, avec des larmes aussi douces que celles que j'avois répandues auparavant étoient ameres. Barbasan m'écrivit de la route. Quelle lettre ! que d'amour ! que de reconnoissance ! que de protestations ! elle m'eût payée de mille fois plus que de ce que j'avois fait.

J'avois un cœur avec lequel je ne pouvois être longtems tranquile. Je commençai à m'affliger de ce que nous étions séparés peut-être pour toujours : il ne pouvoit revenir dans le Royaume : le projet d'aller le joindre me paroissoit aussi difficile, qu'il m'avoit paru aisé, quand j'en avois formé d'abord la résolution : il falloit, pour l'exécuter, que j'eusse atteint mes vingt-cinq ans. Que sçavois-je, si je ne trouverois point de nouveaux obstacles.

Ces différentes pensées m'occupoient sans cesse, & me jettoient dans une tristesse, dont l'amitié d'Eugénie s'allarmoit. Quel cœur que le sien ! jamais de dégoût, jamais d'impatience : elle écoutoit avec la même attention, avec le même intérêt, ce que je lui avois déja dit mille fois : de grands services coutent moins à rendre & prouvent moins, qu'une pareille conduite : on est payé par l'éclat qui les accompagne ordinairement ; mais cette tendresse compatissante n'a de récompense, que le sentiment qui la produit.

Divers prétextes, dont je m'étois servie depuis la malheureuse avanture de Barbasan, m'avoient laissé la liberté de rester dans mon

Couvent. Ma mere n'y étoit point venue ; j'envoyois réguliérement sçavoir de ses nouvelles, on répondoit qu'elle se portoit bien, & que sa grossesse ne lui permettoit pas de sortir. Comme elle ne me faisoit point dire d'aller chez elle, je jugeai que mon Beau-pere ne vouloit pas qu'elle me vît : on vint un matin m'avertir qu'elle étoit prête d'accoucher ; on ajouta qu'elle me demandoit : je sortis au plus vîte :

je trouvai en arrivant les domestiques en larmes : sans oser les questionner, je m'acheminois vers son appartement, quand une femme de chambre vint à moi, en poussant de grands cris. Ah ! Mademoiselle, me dit-elle, où allez vous ? Vous n'avez plus de mere.

Je ne puis exprimer ce que je sentis dans ce moment ; la révolution qui se fit en moi, tous les torts que j'avois trouvés à ma mere, tout ce que mon pere m'avoit laissé penser, tout ce que sa conduite, à mon égard, avoit eu de reprochable, tout cela disparut, & ne me laissa que le souvenir des tendresses qu'elle m'avoit marquées dans mon enfance. Je fus véritablement touchée : mon Tuteur qui étoit dans la maison, m'emporta malgré moi dans le carrosse qui m'avoit amenée, & me remit entre les mains d'Eugénie. Ce nouveau malheur renouvella toutes mes douleurs ; c'est un aliment pour un cœur qui en est déja rempli, il semble qu'on trouve une espéce de soulagement à voir croître ses peines.

Mon Beau-pere, dans l'intention de s'assurer des biens considérables, avoit sacrifié la vie de ma mere, pour sauver l'enfant dont elle étoit grosse, & y avoit réüssi : son fils vécut : il fallut régler nos partages : je n'aurois pas dû faire de grace, mais par respect pour la mémoire de ma mere, je cédai tout ce qu'il voulut.

Le tems, il faut l'avouer, & un tems assez court, sécha mes larmes. Ma tendresse pour Barbasan, qui dominoit sur tous mes sentimens, me fit bientôt trouver la consolation, dans la pensée que j'étois devenuë libre, & en état de disposer de ma main: j'eus d'ailleurs une persécution à essuyer, qui produisit naturellement de la distraction.

Le Marquis de Crevant avoit

avoit perdu son pere peu de jours avant la mort de ma mere : il m'aimoit de bonne foi ; son amour avoit tenu bon contre mes rigueurs, & avoit produit en lui ce qu'il produit toujours, quand il est véritable ; il lui avoit donné des mœurs, & l'avoit corrigé des airs & des ridicules attachés à la qualité de Petit-Maître. Dès que la mort de son pere le laissa libre, il vint m'offrir sa fortune & sa main. Eugénie & le Commandeur vou-

loient que je l'acceptasse.
Crevant étoit précisément
dans le cas que mon pere
m'avoit marqué, pour choisir un mari. Il le falloit, di-
soient-ils, pour me sauver
de ma propre foiblesse, &
pour me mettre à couvert
de la folie, & presque de la
honte, d'aller épouser un
homme comme Barbasan,
banni de son pays, & retran-
ché de la société.

Il ne lui reste donc que
moi, m'écriai-je, & vous
me pressez de l'abandon-

ner! que m'a-t-il fait? Eſt-il coupable, parce qu'il eſt malheureux? J'irai, s'il le faut, vivre avec lui dans un déſert.

Cette idée, qui flattoit la tendreſſe de mon cœur, s'affermiſſoit encore dans mon eſprit, par le plaiſir de me trouver capable d'une action, qui ſe peignoit à moi comme généreuſe. Dès ce moment je formai une ferme réſolution d'aller le joindre. Les repréſentations du Commandeur & d'Eugénie furent inutiles. Le Marquis de Crevant fut congédié.

Cependant il y avoit plus d'un mois, que je n'avois eu de nouvelles de Barbaſan : j'allai me mettre dans la tête qu'il avoit eu connoiſſance du deſſein du Marquis de Crevant, & qu'il en étoit jaloux : l'impatience de me juſtifier vint encore accroître celle que j'avois de partir. Les apprêts de mon voyage furent bientôt faits. Je dis que j'allois avec mon tuteur, que j'avois d'avance mis dans mes intérêts, voir une Terre, qui compofoit tout le bien qu'on me connoiſſoit.

Nous eumes des paſſeports fous le nom d'un Seigneur Allemand. Dès que je fus au premier gîte, Fanchon, c'étoit le nom de ma Femme de chambre, & moi, prîmes des habits d'homme. Comme j'étois grande & bien faite, ce déguifement me convenoit: j'étois encore plus belle qu'avec mes habits ordinaires ; mais je paroiſſois ſi jeune, que ma beauté, la délicateſſe de mon teint, & la fineſſe de mes traits ne bleſſoient point la vraiſemblance.

Après dix jours de marche, & pluſieurs petites avantures, qui ne méritent pas d'être dites, nous arrivâmes à Francfort à huit heures du ſoir. Nos Poſtillons à qui j'avois fait dire que je ne voulois point aller dans un Cabaret, nous menerent chez une Françoiſe qui louoit des appartemens. A peine étois-je dans le mien, que je m'informai à elle de Barbaſan. J'avois forcé les poſtes, pour le voir dès ce ſoir-là. Vraiment, me dit-elle, je viens de le rencontrer qui rentroit chez lui avec Madame ; & tout de ſuite, c'eſt celui-là qui eſt un bon mari.

Suivant l'uſage de ces ſortes de gens, elle me conta, ſans que je le lui demandaſſe, tout ce que l'on diſoit des avantures de Barbafan. Hélas ! j'étois bien éloignée de pouvoir lui faire des queſtions; les noms de *mari* & de *femme* m'avoient frappée comme un coup de foudre, dès qu'elle les eut prononcés. Mon Tuteur & ma Femme de chambre, plus tranquiles que moi, prirent ce triſte ſoin. Elle leur dit que M. de Barbaſan avoit fait connoiſſance avec ſa femme, dans le tems qu'il étoit priſonnier ; qu'elle avoit expoſé la vie de ſon pere, qui étoit

étoit le Geolier, celle d'un frere & la sienne propre pour le sauver ; que pour payer tant d'obligations, Monsieur de Barbasan l'avoit épousée, & qu'elle étoit grosse.

J'étois pendant ce terrible récit, dans un état plus aisé à imaginer qu'à décrire. Fanchon, qui voyoit par les changemens de mon visage, ce qui se passoit en moi, congédia notre Hôtesse, & pour me donner plus de liberté, renvoya aussi mon Tuteur.

Il ne m'aime donc plus, disois-je en répandant un torrent de larmes ? Que lui ai-je fait, pour n'être plus aimée ? J'expose ma réputation, j'abandonne ma Patrie, & tout cela pour un ingrat. Mais, Fanchon, crois-tu qu'il le soit ? Crois-tu que je sois effacée de son souvenir ? Voilà donc pourquoi je ne recevois plus de ses lettres. Hélas ! je le croyois jaloux.

Ce sentiment n'est plus pour moi.

Toute la nuit se passa dans de pareils discours : je voulois le voir, lui reprocher son ingratitude, l'attendrir par mes larmes, & l'abandonner pour jamais. Il me passoit aussi dans la tête de lui faire remettre le bien, que j'avois apporté. Je voulois, à quelque prix que ce fût, me faire regretter. C'étoit la seule vengeance, dont j'étois capable contre mon ingrat.

Mon Tuteur, qui n'entendoit rien à toutes ces délicatesses, s'oppofa à ce projet, & me conferva malgré moi, ce qui me restoit du porte-feuille de mon pere.

Il n'y avoit pas à héfiter fur le parti, que j'avois à prendre. Je pouvois, en me montrant promptement à Paris, dérober la connoiffance de la folle démarche que j'avois faite. Mon Tuteur qui s'étoit repenti plus d'une fois de fa complaifance, me représentoit la nécessité de ce prompt retour : je la sentois comme lui ; mais il falloit m'éloigner pour jamais de Barbasan, de ce Barbasan que j'avois tant aimé, qu'au mépris de toutes sortes de bienséances j'étois venu chercher si loin. Comment partir sans le voir ! ne fût-ce même que de loin. Comment résister à la curiosité de voir ma Rivale, & renoncer à l'espérance de ne la pas trouver telle qu'on me l'avoit dépeinte ?

Mon Hôtesse, sans s'informer des motifs de ma curiosité, me mena à une Eglise, où tout le beau monde alloit à la Messe. Je me plaçai de maniere que je pouvois voir ceux qui entroient.

Me voilà dans mon poste avec une palpitation qui ne me quitta point, & qui augmentoit toutes les fois que j'entendois arriver quelqu'un. Celle qui me causoit tant de trouble, parut enfin : je ne la trouvai que trop propre à faire un infidéle. Loin que la jalousie, dont j'étois animée, diminuât ses agrémens ; il sembloit que pour augmenter mon supplice, elle y ajoutoit encore. Je n'ai jamais vû de physionomie plus intéressante, tant de graces, tant de beauté, jointes à la fraîcheur de la premiere jeunesse, & à l'air le plus doux & le plus modeste. Elle tournoit la tête à tout moment, pour voir, à ce que je jugeai, si Barbasan la suivoit : il ne tarda pas : elle lui dit quelque chose à l'oreille, il répondit par un souris, qui acheva de me désespérer.

Comme je n'étois pas éloignée du lieu où ils étoient, il m'apperçut : ses yeux resterent assez long-tems attachés sur mon visage ; il les baissa ensuite, & je crus m'appercevoir qu'il soupiroit : il me regarda de nouveau avec plus d'attention : après ce second examen, je le vis sortir de l'Eglise : si j'en eusse eu la force, je l'aurois suivi dans mon premier mouvement, mais les jambes me trembloient au point que je fus contrainte de rester où j'étois.

Que de réflexions sur ce qui venoit de se passer ! il m'avoit reconnue sans doute. Etoit-ce la honte de paroître devant moi, après sa trahison; étoit-ce la crainte de mes justes reproches qui l'avoient déterminé à me fuir ? Cette crainte l'auroit-elle emporté, si quelque chose lui eût encore parlé pour moi ? Je sentois dans ces momens que le plus foible repentir, le plus leger pardon, m'eût tout fait oublier : peut-être l'aurois-je demandé moi-même. Je me croyois presque coupable de ce qu'il ne m'aimoit plus. L'effet que cette pensée produisit en moi, paroîtra incompréhensible à ceux qui n'ont jamais eu de véritable passion.

Ma réputation exposée,

la trahison dont on payoit ma tendresse, ce mariage qui mettoit une barriere insurmontable entre nous, ne faisoient presque plus d'impression sur moi. Tout étoit couvert par cette douleur déchirante, que je n'étois plus aimée. Je voulois du moins avoir la triste consolation de répandre des larmes devant lui.

Mon Tuteur fut chargé de l'aller chercher, de ne rien oublier pour l'amener, de ne pas craindre d'employer les prieres les plus capables de l'y engager : il ne le trouva point chez lui : il y retourna plufieurs fois : il apprit enfin qu'il étoit monté à cheval au fortir de l'Eglife, & qu'on ne fçavoit quelle route il avoit prife.

Dès que nous fommes malheureux, tous ceux qui nous environnent, prennent de l'empire fur nous. Mon Tuteur, ma Femme de chambre même, fe croyoient en droit de me parler avec autorité. Sans m'écouter, fans égard aux prieres que je leur faifois d'attendre encore quelques joürs, ils m'obligerent à partir fur le champ ; & pour rendre mon abfence auffi courte qu'il étoit poffible, on me fit faire la plus grande diligence.

Me voilà revenue à Paris & dans les bras de ma chere Eugénie. Ce prompt retour, la douleur où elle me vit plongée, mes larmes & mes fanglots lui firent juger que Barbasan étoit mort. Les consolations qu'elle cherchoit à me donner, m'apprirent ce qu'elle penfoit : je n'avois pas la force de la défabufer : j'avois honte pour Barbafan, & pour moi, de dire qu'il m'avoit trahie, abandonnée ; mon cœur répugnoit auffi à parler contre lui.

Je fentois une peine extrême à lui faire perdre l'eftime d'Eugénie : à le lui montrer fi différent de ce qu'elle l'avoit vû jufques-là.

Malgré mes répugnances, il fallut tout avouer. Quelle fut la surprise, & l'indignation de mon amie ! quel mépris pour Barbafan! quelle pitié, mêlée de colére, de me trouver encore de la fenfibilité pour un ingrat, pour un fcélérat, pour le dernier des hommes !

Ménagez ma foibleffe, lui difois-je, puifque vous la connoiffez : épargnez un malheureux : hélas! peut-être a-t-il fait autant d'efforts pour m'être fidéle, que j'en fais pour cesser de l'aimer. Plus vous cherchez à diminuer son crime, répondoit Eugénie, plus vous me le rendez odieux : le dépit devroit vous guérir ; la raison le devroit encore mieux; mais le dépit est un nouveau mal, & la raison est bien tardive : je voudrois que vous cherchassiez de la dissipation : je voudrois que votre amour propre trouvât des dédommagemens : vous ne le croiez pas, ajoûta-t-elle, mais contez sur ma parole qu'il qu'il fait une partie de votre douleur. J'étois effectivement bien éloignée de le penser. La terre entiére, à mes genoux, ne m'auroit pas dédommagé du cœur que j'avois perdu.

Ces dissipations, qu'on me conseilloit, & que je n'aurois jamais cherchées, vinrent me trouver malgré moi. Mon beau-pere, que sa prodigalité mettoit dans un besoin continuel d'argent, & qui n'étoit arrêté par aucun scrupule sur les moiens d'en acquérir, ne voulut point s'en tenir à l'accommodement que nous avions fait : il fallut entrer en procès : le sentiment dont j'étois animée contre lui (car je le regardois avec raison, comme l'auteur de mes malheurs) me donna une vivacité & une suite que l'intérêt n'auroit jamais pu me donner. Je sçus bientôt mon affaire mieux que mes Avocats.

La beauté ne produit pas toujours l'amour, mais elle

nous rend toujours intéressantes pour les hommes, même les plus sages ; la mienne me donnoit un accès facile auprès de mes Juges, & ajoûtoit un nouveau poids à mes raisons : elle fit encore plus d'impression sur M. le Président d'Hacqueville, l'un des plus accrédités par sa naissance, par sa place, & surtout par l'estime qu'il s'étoit acquise ; il me déclara à la troisiéme ou quatriéme visite que je lui rendis, qu'il ne pouvoit plus être de mes Juges : ne m'en demandez point la raison, ajoûta-t-il, je n'oserois vous la dire ; je me borne à souhaiter que vous daigniez la deviner.

Mon embarras lui fit voir que je la devinois. Nous gardions tous deux le silence, quand mon Avocat, qui s'étoit arrêté avec quelqu'un dans la chambre, entra dans le cabinet : sa présence fit également plaisir à M. d'Hacqueville & à moi, car son embarras étoit égal au mien, mais il se remit assez promptement : je ne serai pas, lui dit-il, des Juges de Mademoiselle, je veux la servir plus utilement : venez demain au matin, & m'apportez ses papiers; nous irons ensuite rendre compte à Mademoiselle de ce que nous aurons fait.

Je sortis sans avoir prononcé une parole. Ne craignez point, me dit le Président, en me donnant la main, de recevoir des services dont je ne demande, & dont je n'attens d'autre récompenſe, que la ſatisfaction de vous les rendre.

Eugénie à qui je contai mon avanture, ne la prit pas auſſi ſérieuſement que je la prenois : que voulez-vous, lui diſois-je, que je faſſe d'un Amant ? Je veux, me répondoit-elle, que vous en faſſiez votre vengeur ; que vous vous amuſiez de ſa paſſion : que ſçavez-vous ? Il vous plaira peut-être : vous connoiſſez ſa figure, ſon eſprit eſt bien au-deſſus : c'eſt par ſon mérite, plus encore que par ſa naiſſance, qu'il eſt parvenu à la charge de Préſident à Mortier, dans un âge où l'on eſt à peine connu dans les places ſubalternes : le cœur me dit qu'il eſt deſtiné pour mettre fin à votre Roman.

Hélas ! elle étoit bien loin de deviner; on verra, au contraire, que je n'en fus que plus malheureuſe.

Sous prétexte de mes affaires, le Président d'Hacqueville me voioit presque tous les jours : ses soins & son assiduité me parloient seuls pour lui : d'ailleurs, pas un mot, dont je pusse prendre droit de lui défendre de me voir. Tant d'attention, tant de respect auroient dû faire sur moi une impression bien différente de celle qu'ils y faisoient : ils me rappelloient sans cesse le souvenir de Barbasan ; c'étoit ainsi qu'il m'avoit

voit aimée : il ne m'aimoit plus, & je soupirois avec une extrême douleur.

Eugénie me reprochoit souvent ma foiblesse : comment, me disoit-elle, pouvez-vous conserver cette tendresse pour quelqu'un que vous ne sçauriez estimer ? L'estime, repliquois-je, ne fait pas naître l'amour, elle sert seulement à nous le justifier à nous-mêmes : j'avoue que je n'ai plus cette excuse à donner à ma foiblesse ; mais je n'en suis que plus malheureuse : ayez pitié de moi, ma chere Eugénie, ajoûtois-je, que voulez-vous, je ne puis être que comme je suis.

Après quelques mois, elle & le Commandeur de Piennes me parlerent plus clairement. Mes affaires étoient toutes terminées à mon avantage, & je devois aux soins du Préfident d'Hacqueville la justice qu'on m'avoit rendue, & la tranquilité dont j'aurois pu jouir, si mon cœur avoit été autrement fait. Il n'y avoit plus moyen de recevoir aſſidument des viſites, dont les prétextes avoient ceſſé. J'étois embarraſſée de le dire à M. le Préſident d'Hacqueville, je voulois qu'Eugénie & le Commandeur en priſſent la commiſſion. Il nous en a donné une bien différente, répondit le Commandeur ; il veut vous épouſer, & pour vous laiſſer la liberté de répondre ſans aucune contrainte, il nous a priés de vous en faire la proposition ; & tout de suite ils me dirent l'un & l'autre que j'étois trop jeune & d'une figure, qui m'exposoit à trop de périls, pour rester fille. Mon Beau-pere encore aigri par le mauvais succès de son Procès, pouvoit m'attirer quelques nouvelles persécutions. Mon avanture n'étoit pas entiérement ignorée, & me faisoit une espéce de nécessité de changer d'état.

Eugénie ajouta, quand je fus seule avec elle, que je

de l'Amour. 245
devois me craindre moi-même, que la tendresse que je conservois pour le Comte de Barbasan, la faisoit trembler : s'il revenoit, me disoit-elle, vous n'attendriez pas même pour lui pardonner, qu'il vous demandât pardon. Eh bien, dis-je, je prendrai le Voile. Vous voulez donc, répondit-elle, parce que Barbasan est le plus indigne de tous les hommes, vous enterrer toute vive. Croyez-moi, ma chere fille, ces sortes

de douleurs paſſent & laiſ-
ſent place à un ennui peut-
être plus difficile à ſoute-
nir que la douleur. Je vous
ai ſouvent promis de vous
conter les malheurs, qui
m'ont conduite ici. Il faut
vous tenir parole. Peut-être
en tirerez-vous quelque inſ-
truction : vous apprendrez
du moins, par mon exem-
ple, qu'il y a des malheurs
bien plus grands, que ceux
que vous avez éprouvés.

Ce qu'elle m'apprit de
ſes Avantures me fit tant

d'impression, que pour a-
voir la satisfaction de les
relire, je la priai de consentir que je les écrivisse;
& c'est ce que j'ai écrit
que je donne ici.

Fin de la premiere Partie.

www.ingramcontent.com/pod-product-compliance
Lightning Source LLC
Chambersburg PA
CBHW060121170426
43198CB00010B/975